新商业思维

成旺坤 著

中国纺织出版社有限公司

国家一级出版社
全国百佳图书出版单位

内 容 提 要

在这个市场竞争日趋激烈的时代，创业经商想要快速占领市场，首先要有"头脑"，其次要有"利器"。"头脑"即商业思维，"利器"即商业模式。

本书分为思维篇和模式篇，一方面，全面阐述当前极具创新性的商业思维，并帮助读者更加深入地了解各种思维模式的运用之道。另一方面，探索创新零售模式、免费模式等当下时尚、优秀的主流商业模式成功背后的逻辑及落地玩法。本书从理论到实操，循序渐进，整体内容易读懂、易学习、易掌握。阅读本书，你会发现商业思维和商业模式中所蕴含的巨大力量。学以致用，你也能巧用这些创新商业思维和商业模式大展宏图。

图书在版编目（CIP）数据

新商业思维 / 成旺坤著. -- 北京：中国纺织出版社有限公司，2024.3

ISBN 978-7-5229-1439-8

Ⅰ.①新… Ⅱ.①成… Ⅲ.①商业经营 Ⅳ.①F713

中国国家版本馆CIP数据核字（2024）第042140号

责任编辑：曹炳镝　段子君　于　泽　　责任校对：王蕙莹
责任印制：储志伟

中国纺织出版社有限公司出版发行
地址：北京市朝阳区百子湾东里A407号楼　邮政编码：100124
销售电话：010—67004422　传真：010—87155801
http://www.c-textilep.com
中国纺织出版社天猫旗舰店
官方微博 http://weibo.com/2119887771
三河市延风印装有限公司印刷　各地新华书店经销
2024年3月第1版第1次印刷
开本：710×1000　1/16　印张：13.25
字数：140千字　定价：58.00元

凡购本书，如有缺页、倒页、脱页，由本社图书营销中心调换

前言

近年来，很多生意人抱怨生意难做，从当前经济发展现状来看，以下因素的确给生意增加了难点：

第一，创业和做生意的人越来越多，各行各业的市场需求已经逐渐被满足。市场处于供大于求的状态，竞争压力不断增大。

第二，随着信息获取渠道多样化、自我认知能力的不断提升，消费者的消费需求发生了巨大变化，他们在追逐产品品质的同时，更加注重消费体验的便捷化、智能化。

第三，互联网的出现使信息更透明，交易成本极大降低，线上、线下抢客源的竞争异常激烈。

第四，在经济全球化环境下，哪里有风吹草动，谁也不能置身事外。在近几年全球大国经济博弈的形势下，每一个身处其中的企业都会因此而受到或大或小的牵动。

世界在变，经济环境在变，消费者需求也在变，并不是生意不好做，而是创业者和生意人的商业思维和商业模式无法跟上时代的变化，无法与时俱进。如果无法改变外界因素，那么就要改变自己，让自己更好地迎合和适应这些变化。

很多人对于创业、做生意只是空有想法，却没有行动。对于投资大的项目不敢干，对于投资小的项目又觉得不赚钱。这是因为很多创业者没有商业思维，而创业靠的是商业思维和商业模式的创新。

什么是商业思维？思维决定认知，认知决定行为，行为决定结果。对于创业和经商而言，思维模式意味着布局和战略。商业思维，对外部而言，就是对市场商业机会高敏感，将商机变现的思维能力；对内部而言，就是具有成本、风控意识，懂得让企业降本增效。

什么是商业模式？商业模式是一个企业得以高效运转的底层逻辑和商业基础。有效的商业模式可以使企业运行变得更加科学、合理、有目的、有条理、有规划。商业模式决定企业的赚钱能力和发展速度，是提升企业竞争力的工具。

在当前经济环境下，如果没有商业思维和商业模式的创新，你如何赢得没有硝烟的战争？如何将生意做大做强？世上没有难做的生意，只有不会做生意的人。点灯熬夜不如巧干，找到正确的商业思维和商业模式，才能在行业中开辟一片属于自己的蓝天。

本书内容分为两篇：

第一篇，思维篇。从战略思维、管理思维、产品思维、互联网思维入手，全面阐述当前极具创新性的商业思维，并帮助读者更加深入了解各种思维模式的运用之道。

第二篇，模式篇。从创新零售模式、免费模式、低价模式、聚合共享模式、会员模式、平台模式、定制模式、众筹模式出发，帮助读者探索这些时下最时尚、最高效、最优秀的主流商业模式成功的逻辑，以及落地应用策略。同时附上最具代表性的成功案例，供读者学习和借鉴。为当下即将走上创业之路，或已经踏进创业大门的创业者、企业家分享有价值的实操方法，以帮助各领域的企业家快速掌握企业运营方法、巧妙变现技巧，提升企业市场竞争力，助力企业实现可持续发展。

本书从理论到实操，步步为营，使整体内容易读懂、易学习、易掌握。阅读本书，你会发现商业思维和商业模式中所蕴含的巨大力量；学以致用，你也能巧用这些创新商业思维和商业模式大展宏图，创造辉煌。

时代在变，经济发展格局也在变，唯有顺应时代发展潮流，主动接受商业思维和商业模式的创新，才能在激烈的市场竞争中脱颖而出，使自己的生意越做越大，越走越远。

成旺坤

2023 年 8 月

目录

第一篇 思维篇

第一章 战略思维：战略高度决定发展方向

一、格局思维：格局有多大，事业就能做多大 / 3

二、布局思维：行事要先谋而后动 / 6

三、生存思维：活下来才有未来 / 9

四、品牌思维：品牌形象和视觉识别缔造品牌神话 / 12

五、资本思维：以资本杠杆撬动裂变式发展 / 16

第二章 管理思维：好的管理使企业长盛不衰

一、领导思维：优秀的领导者才能行稳致远 / 21

二、团队思维：创造高绩效的终极密码 / 23

三、结果思维：向付出要回报 / 25

四、合伙思维：不懂合伙，必定散伙 / 28

五、危机思维：居安思危才能防患于未然 / 29

第三章　产品思维：好产品自带流量和销量

一、价值思维：没有价值的产品没有竞争力 / 33

二、营销思维：营销能力就是赚钱的能力 / 37

三、故事思维：讲故事比讲道理更有说服力 / 39

四、创新思维：创新才能创未来 / 42

五、体验思维：极致体验是产品口碑的关键 / 45

六、极致思维：单点极致，让用户尖叫 / 48

七、差异化思维：快速助力产品突围 / 50

第四章　互联网思维：破局行业变革

一、平台思维：实现资源整合与流通 / 55

二、用户思维：得用户者得天下 / 58

三、社交思维：基于社交搭建用户池 / 60

四、跨界思维：突破瓶颈，提升竞争力 / 64

五、直播思维：无直播不传播 / 67

六、大数据思维：助力实现精准营销 / 72

第二篇　模式篇

第五章　创新零售模式：实现人货场的重构

一、社群团购模式：基于半熟社交关系进行社群卖货 / 79

二、社区团购模式：基于小区居民关系而形成的团购模式 / 82

三、团购代收模式：基于周边居民的"预定＋自提"模式 / 84

四、低价拼团模式：有低价空间的团购式消费模式 / 85

五、短视频直播带货模式：高效实现引流和变现 / 87

六、无人零售模式：实现零售全自动化购物体验 / 91

七、单身经济模式：共情式生意蕴含巨大商机 / 94

八、快闪店模式：游击式生意速战速决 / 96

九、盲盒模式：精准抓住消费者心理 / 98

十、空间零售模式：氛围中实现销售转化 / 101

十一、店中店模式：合作共赢，省力又省心 / 103

十二、自营折扣模式：抓牢商品变现最后一波红利 / 106

十三、"外卖+外带"模式：实现轻资产运营 / 108

第六章 免费模式：放长线钓大鱼

一、产品免费，服务收费 / 113

二、购买产品赠送免费服务 / 114

三、主产品不免费，副产品免费 / 115

四、体验免费，购物收费 / 116

五、基础功能免费，增值服务收费 / 117

六、先免费，后收费 / 118

七、免费带出间接收费 / 120

八、限定免费，超出付费 / 121

九、邀请好友砍价零元购 / 122

第七章 低价模式：以低价换市场

一、产品低价，服务收费 / 125

二、分享享折扣优惠 / 127

三、满减券限时二次消费优惠 / 129

四、订阅时间越长优惠力度越大 / 131

第八章 聚合共享模式：博采众长，物尽其用

一、租赁共享模式：有效盘活闲置资源 / 133

二、对等共享模式：物物交换，互利互惠 / 135

三、空间共享模式：有效缓解租金压力 / 137

四、共享用工模式：打开企业用工新思路 / 140

五、零散资源聚合模式：抱团发展激发经济活力 / 142

六、异业聚合模式：异业资源共享、利益共存 / 144

第九章 会员模式：高效吸粉，沉淀用户

一、免费会员模式：积分制推动会员成长 / 147

二、付费会员模式：购买消费资格和权益 / 149

三、储值会员模式：倒贴反能获利 / 152

四、超级会员模式：借特有权益牢固锁客 / 154

第十章 平台模式：重塑行业价值，实现行业突围

一、O2O模式：线上线下相结合 / 159

二、B2B模式：直接、快速了解产品，促成交易 / 163

三、B2C 模式：直接面向消费者销售产品和服务 / 165

四、C2C 模式：去掉中间商，顾客利益最大化 / 168

第十一章 定制模式：满足消费者个性化需求

一、产品定制模式：真正满足消费者的产品需求 / 171

二、服务定制模式：与消费者的服务需求相匹配 / 174

三、C2M 定制模式：反向定制实现个性化生产 / 176

四、众包定制模式：实现大规模定制化生产 / 179

第十二章 众筹模式：聚集一切可用力量为己所用

一、预购式众筹：筹款开发产品，赠与出资人产品 / 183

二、股权式众筹：以股权形式投资赚取回报 / 187

三、募捐式众筹：免费赠与，出资人不求回报 / 191

四、会籍式众筹：出资共建会所获得相应权益 / 195

第一篇　思维篇

第一章 战略思维：战略高度决定发展方向

俗话说："不谋万世者，不足以谋一时；不谋全局者，不足以谋一域。"一个企业的生存和发展，更需要从实际出发，从大处着眼，做好战略规划。战略高度决定企业发展的方向。用战略思维做战略规划，可以帮助企业谋得更好的未来。

一、格局思维：格局有多大，事业就能做多大

一个人能力强固然重要，但如果没有大格局，也难以在事业上取得成功。

什么是格局？格局是在认知范围内对事物认知的程度，以及所做事情的结果。不同的人，格局有所不同。

俗话说"再大的饼也大不过烙它的锅"。一个人的格局有多大，事业就能做多大。做大企业，更需要领导者有大格局。很多企业做不下去，就是因为领导者的格局不够大。

那么如何才能提升企业领导者的格局呢？

1. 培养长远眼光

眼光有多长远，决定了事业能上升到什么样的高度。做事业是一件长久的事情，每走一步，就要往前多看五步。只有培养长远眼光，才能先人一步看到市场中蕴藏的商机，并成功避开其中隐藏的风险，从而将生意越做越大，将企业越做越强。

2. 有大局观

事情分轻重缓急，问题分大小主次。眼前有很多事情要处理，如果眉毛胡子一把抓，创业者势必难以思虑周全，事情越办越糟。所以，要有大局观，做事要以大局为重，对全局进行整体把握，优先处理重要的、着急的事情。

3. 有所取舍

物理世界有一个能量守恒定律，我们的人生也应遵循守恒定律，即有得必有失，有失必有得。面对得失的取舍，创业者要把眼光放得长远些，能够为了长远和全局的优势而放弃眼前和局部利益。

4. 经得住诱惑

在追逐事业的路上有很多诱惑。这些诱惑最容易干扰人的思绪，让人在机会中迷失方向。只有在诱惑面前波澜不惊的人，才能一如既往地坚持自己的事业，最终赢得成功。

5. 统筹兼顾

在创业过程中，创业者所涉及的领域众多，只有统筹兼顾，将外部环境与内部措施协同联动起来，才能在管理和经营上实现科学筹划、协调发展。所以，统筹兼顾是创业者必备的一种能力，体现的是一种远大的格局观念和高瞻远瞩的战略思维。

6. 灵活变通

在创业路上，总有这样或那样的事情在不经意间出现。这正是对创业者的一种考验。真正格局高的人，做人做事总能临危不乱，灵活变通，进退有道。

7. 勇于创新

时代在不断变化中前行，做生意也要与时俱进，敢于突破和创新。敢于创新的人能积极接受新事物、敢于打破常规，这本身就是一个放大格局的过程。

8. 胸怀宽广

胸怀也是一种格局。拥有大格局的人，往往胸怀宽广。在追逐事业的路上能沉得下心，不会患得患失，也不会锱铢必较，具有极强的包容心。这样的人在生意场上才能披荆斩棘。

9. 奋勇当先

责任和担当也是创业者在工作中表现出来的一种格局。创业者或生意人是否有格局意识，往往看其是否有强烈的责任心。职位越高的人，责任越大。敢于奋勇当先的企业领导者，必定能站得住高位，做一个合格的领路人。

在创业路上，格局就是最大的王牌。格局大的人，路会越走越宽。

二、布局思维：行事要先谋而后动

经商创业好比军事作战。在创业开始的那一刻，创业者就要扮演好"指挥官"的角色，要有布局思维。

布局思维，就是在事情开始之前，先设定好目标。根据可能或者即将发生的情况，提前做好布置，而后采取行动。准备得越充分，成功的概率越大。

布局的问题是战略层面的问题。无论做什么生意，思维逻辑都应该是：先布局，后做事。

技艺高超的棋手一定是布局高手，战场上的常胜将军也一定懂得布局的重要性。商场中，创业者要想实现财富自由，实现人生和事业的价值，也应成为布局高手。只有懂得布局、善于布局，才能运筹帷幄，决胜千里。

善于布局的创业者，必定具备这四种能力：

1. 看懂社会趋势

不同时代的社会发展呈现出不同的趋势。但社会发展的总趋势是前进的、上升的。创业必须与时俱进，跟着社会趋势走，根据社会趋势布局。

社会趋势包括：

（1）消费市场趋势

随着消费观念的持续改变，消费者的消费需求持续升级，消费者喜欢更加自由、更加自然、更加开放的购物体验。这是当前消费市场的一种趋势。

另外，由于互联网的普及，人们的购物方式从线下转到线上，这依然是消费市场的趋势。随着移动互联网的接入，社交电商、新零售、直播带货代表了全新的消费市场趋势，成为新销售场景和盈利模式，也为创业者创造了全新的市场机会。

（2）创业市场趋势

洞察创业市场趋势，应当用与时俱进的眼光看待当下的创业环境。

首先，当前是一个全新的网络信息时代，创业网络化是必然趋势。

其次，当下，产业之间的交集越来越多，界限越来越模糊，产业融合、跨界合作必将是一个非常强劲的趋势。

再次，大数据、云计算、人工智能技术等已经在各领域逐渐普及，科技创业也成为一种重要趋势。

最后，国家出台了很多利好政策，鼓励创新创业，给予创新创业项目诸多方面的帮助。因此，创新创业也是一种趋势。

（3）资本市场趋势

任何时候，资本都是向着代表更新生产力的方向靠拢。因为，更新生产力就代表市场前景，也代表"钱景"。顺应资本市场趋势去做战略性布局，大概率不会错。

2. 善用新工具

一个棍子可以撬动一块石头。创业、做生意就像作战，再好的战略和计谋，要有趁手的兵器来辅助。选对工具、善用工具才能事半功倍。互联网、科学技术、银行贷款等都是创业、做生意过程中的好工具。在进行全面布局过程中，能否善用工具、会用工具，决定你创业、做生意的成败。

3. 善于整合资源

很多人在创业或做生意的过程中都犯过一个致命的错误，那就是习惯自己单干。闭门造车，最后往往迷失了自我。创业、做生意千万不能从单一层面看待问题。这个世界上，有很多可以利用的资源，甚至有很多隐形资源能加快你成功的脚步。成功的创业者和生意人在进行战略布局时，会想方设法获取和整合各类战略资源，包括对他人来说无用的、废弃的资源，以及与合作伙伴资源共享等，以此提升自己的竞争优势。

4. 读懂新政策

创业或做生意要跟着国家政策走，才能走得长远。而这个前提是要读懂国家出台的新政策，比如国家税收政策、贷款政策、补贴政策、扶持政策等。读懂新策略才能更好地筹谋，进而做好更加科学、合理的布局。

一个善于布局的人，需要考虑的是"如何做正确的事"。无论在什么领域创业或做生意，战略逻辑思维始终是"先布局，后做事"。

三、生存思维：活下来才有未来

企业经营的目的在于创造利润，然而形成利润的基础是企业能够持续生存、长期不倒。

然而，一个企业，除了每天要为利润和价值而奔走，还时刻面临着诸多来自市场竞争的威胁。企业如何更好地生存成为一个十分关键的问题。

生存是一切的基础。只有先生存下来，才能发展下去，才有未来。因此，企业在进行战略布局时，要有生存思维。

那么一个企业如何更好地生存下来呢？企业要想生存下来，需要做好以下规划：

1. 适者生存

很多创业者、生意人总是抱怨经济环境不好，所以企业无法生存。但在同样的经济环境下，依然有企业活得很好，甚至有的企业还在不利于自己的环境中实现了"逆袭"。因此，经济环境不好并不是企业无法生存的理由。优秀的企业家更加懂得适者生存，在做战略布局的时候就已经将这一点充分考虑进去。

自然界中，为了求生，物种间激烈的斗争必不可少。在商业竞争中，企业之间的"厮杀"并不是为了摧毁对方，而是为了给自己谋得一席生存之地。纵观那些消亡的企业，很多时候，它们并不是败给了竞争对手，而是败给了瞬息万变的环境，究其根本，就是他们没能很好地适应多变的环境。

那么企业如何才能做到适者生存呢？

适者生存——生存是目的，适应是手段。企业首先要做的就是改变自己。在经济环境变化的情况下，很多企业抱怨"生意不好做""钱难赚"，其实并不是生意真的不好做、钱真的难赚，而是以往的那种生意模式、赚钱模式已经不再适合当下的经济环境。虽然我们无法阻止环境的变化，但我们可以改变自己。不能适应环境变化的企业，终将会加速被淘汰的进程。

2. 基本生存

如果说"适者生存"对应的是企业如何活下去的问题，那么"基本生存"解决的就是企业如何能活得好的问题。

一个企业要想活得好，需要具备以下基本的生存能力，这些能力包括：

（1）判断能力

时代在变化，消费者的消费观念也在变化，这些都是我们无法控制的。面对这样的外部环境，我们应当顺应这种变化，并根据外部变化做出准确的分析和判断，明确自身发展中的优势与不足。这是一个企业能够在市场中生存的基本条件。

（2）决策能力

决策能力是企业维持生存的必备能力。科学、精准的决策可以使企业避开陷阱、抓住市场机会，并对当下的环境变化做出快速、及时的反应。

没有决策能力的企业很难在市场中存活。

（3）生产能力

这里的生产能力包括产品生产能力和服务生产能力。产品和服务是一个企业的生命。优质、高效、持续的生产能力是企业生存的根本保障。

（4）创新能力

"一招鲜，吃遍天"，创新是企业适应市场竞争的不二法则。无论外界环境如何变化，企业具备了创新能力，就能在市场竞争中立于不败之地。

（5）管理能力

一个企业的生存与发展情况，与领导者的管理水平有很大关系。出色的管理能力可以有效增强员工凝聚力，提升企业效益，推动企业不断发展。管理能力对于企业的生存具有十分重要的意义。

（6）获客能力

客户就是金钱，客户决定企业的生命线。客户对企业的重要性毋庸置疑。因此，企业生存和发展必须具备获客能力。

3. 核心生存

核心生存主要解决的是企业如何能够活得更久的问题。每个企业都希望自己是行业里的常青树，获得持续发展，要保持企业的基业长青并不是一件容易的事。关键在于两点：

（1）为他人解决问题

无论外部环境如何变化，人们总是有难以得到满足的需求，有难以得到解决的痛点。企业如果能够以用户为中心，洞察用户最迫切的需求和痛点，为他们解决问题、排除困难，自然能抢占用户心智，给用户留下深刻的印象。这也就给了用户一个成为企业忠实用户的理由。企业就是为解决用户问题而生，这也是企业存在的核心意义。

（2）为他人创造价值

企业生存最核心的竞争就是为用户创造价值。得到用户的认可，使个人和社会得到发展，企业才能获得应有的利润和回报。如此良性循环，企业才能长青。

总之，企业必须先谈生存，后谋发展，这是一个无可争辩的事实和真理。如果一个企业不能很好地生存，那么一切都是空谈。

四、品牌思维：品牌形象和视觉识别缔造品牌神话

企业无论身处什么行业，都需要打造自己的品牌。如今，企业之间的竞争，实际上是品牌之间的竞争。

当前，大部分消费者在购物过程中具有品牌消费意识。消费者往往根据产品包装、图像符号而形成了对品牌的忠诚度。品牌背后代表的是身份地位、个性和品位、生活方式等理念。消费者购买的与其说是产品，不如说是对品牌的信赖和认可。因此，企业做战略部署的过程中，品牌思维的作用不容忽视。

企业要想掌握品牌思维，需要做好哪些事情呢？

1. 品牌定位

品牌定位就是在用户心中塑造一个独一无二的品牌专属形象，从而左右用户的选择和认知，这是品牌提升竞争力的基础。一个品牌做得好不好，与品牌定位息息相关。品牌定位在于确定品牌自身核心价值，了解竞争对手实力、市场现状，也在于对消费者需求的满足。概括起来就是一句话：品牌定位是品牌结合自身优势而确立的一个独特的，能够与市场形成差异化特点的市场定位，以此吸引消费者，达到品牌长远发展的目的。可以说，品牌定位是品牌思维的核心。

如何进行品牌定位呢？可以通过"五步法"来实现。

第一步：精准认知自我。

知己知彼，百战不殆。品牌定位的前提就是对自身有精准认知。品牌对自我认知越精准，则品牌定位越清晰。

第二步：确定目标用户。

品牌最终面对的是消费者，没有消费者的品牌名存实亡。所以，品牌定位一定要围绕目标用户进行。不同品牌的目标用户也有所不同，在精准认知自我之后，接下来要做的就是确定目标用户。明确自己面向的目标用户究竟是哪些人，然后对目标用户进行市场调查，洞察目标用户的消费需求和消费观念等。

第三步：做好市场调研。

在确定目标用户之后，就要进行充分的市场调研。通过市场调研，明确市场发展趋势，找到目标用户的需求点，以此进行品牌定位，可以使品牌与目标用户更好地联结起来,从而为品牌带来更加可观的经济效益。

第四步:分析竞争对手。

每个行业都有竞争。品牌在做定位之前,还需要对竞争对手进行精准分析,从而取长补短,进行差异化定位,打造品牌优势。

第五步:进行品牌创新。

一个品牌能够真正赢得消费者青睐的原因往往在于其具有独特性。创新包括技术创新、产品创新、形象创新等,可以使品牌更具辨识度。尤其是个性化创新,可以使品牌更好地占领用户心智,赢得市场。

2.品牌策划

品牌策划也是品牌思维的核心部分。品牌策划的目的就是将品牌推广出去,提高品牌在消费者心中的认知度,使品牌快速在市场中占领有利地位。

(1)设计品牌名称

一个品牌在市场中占有一席之地其实很不容易。要想被人记住,首先品牌要有一个响当当的名字。这是区别于其他同行业品牌的最直观表现。

(2)打造品牌标志

品牌标志能够通过强烈的视觉冲击力,使受众更好地识别品牌。同时,品牌标志也是品牌的一种信息传递方式,使消费者形成品牌记忆,产生品牌联想。

(3)塑造品牌故事

品牌故事以讲故事的方式向外传递品牌的价值观,表达产品实力、企业愿景等信息，唤醒人们的情感记忆，让消费者产生共鸣，从而与消费者建立关系，提高消费者对品牌的认知。好的品牌故事，就是要用故事换来用户对品牌的信任，从而达到一传十、十传百的目的。另外，品牌故事也具有社交影响力，能够激发受众在社群中自动传播品牌的热情，为品牌带来更多的消费者。

在创作品牌方面，农夫山泉堪称典范。农夫山泉有一段广告片，讲述了一段历经千辛万苦寻找水源的故事：

在零下30℃的东北长白山上，出现了农夫山泉的水源勘探师方强的身影，他从1999年开始，一直走在寻找水源的路上。每一次出发，都要历经艰辛，踏遍整个长白山。他寻访了不下50个水源地后，在地处长白山19.6万公顷的矿泉水保护区内发现了一条清澈而美丽的河流。沿着河流，他找到了源头，这是个地下涌泉，即便冬天也不会结冰，水温常年保持在7℃，呈天然弱碱性，水中含有多种矿物元素，可以作为顶级矿泉水。后来就在这个水源附近建立了农夫山泉工厂。

农夫山泉通过方强历经千辛万苦寻找水源的纪实故事，向广大消费者传输一种环保、天然、健康的品牌理念，也通过品牌故事赢得了消费者对农夫山泉的信任。环保、天然、健康更是成为品牌的名片，使消费者买得放心。

那么如何才能塑造好品牌故事呢？方法如下：

①以事实为依据。虽然是故事，但也要实事求是，以品牌的真实历史、成绩等为支撑，进行故事的扩充和延伸，使得故事更加饱满，更有说服力。

②融入真情实感。品牌故事并不是干巴巴的内容，要以消费者与品牌之间的情感作为切入点，在故事中融入真情实感，才能使故事更具感染力和冲击力。以情动人，引发受众情感共鸣，才能使受众爱上品牌。

③明确故事角度。塑造品牌故事的目的就是进行品牌宣传。但站在不同角度去创造故事，可以起到不同的宣传作用。可以从企业发展历程角度进行创作，也可以站在消费者立场创作故事情感引起共鸣，也可以讲述品牌精神引发受众认同……明确宣传方向，找准故事创作角度，可以达到事半功倍的宣传效果。

总之，品牌思维的高与低、强与弱，是品牌形成不同生存状态的先决条件。创业者进行战略布局，一定要从长远角度出发，做全局性规划。

五、资本思维：以资本杠杆撬动裂变式发展

一谈到创业、做生意，就离不开资本这个话题。一家企业从创立到上市的整个过程都离不开资本的运作。可以说，企业的发展需要依靠资本的力量来推动。

什么是"资本"？资本能促进企业资源优化，资源优化又顺势产生新的资本，并为企业带来新的机会。

以前，创业的启动资金主要源于创业者自己的积蓄，再加上跟亲朋好友借款，或者银行贷款，等赚钱了再还款。如今，创业、做生意的资金来源主要是融资，通过融资实现企业的快速增长，实现企业财富从0到1的转变。

一个企业要想做大做强，就要有资本思维。利用资本可以提升企业价值，资本是企业走向成功的保障。所以，创业者或生意人要学会借力资本杠杆撬动企业的裂变式发展。

创业者或生意人应当具备怎样的资本思维呢？

1. 创造资本价值

什么样的企业才具有资本价值？成熟的创业者在创业初期比较注重企业资本价值的塑造。通俗地说，具有资本价值的企业懂得利用创业契机，寻求资本认可和追逐的目标，时刻构建资本更加青睐的创业项目，以此作为企业发展的方向。这样的企业能够获得资本的青睐。创造资本价值，是资本思维的第一条原则。

2. 规划资本路径

任何一个创业项目都是奔着赚钱去的，项目投资人也希望将资金投给那些收益有增长的项目。如果项目不成熟，没有能盈利的渠道，甚至不知道何时才能实现盈利，是难以赢得资本投注的。所以，创业者在做项目之前一定要做好资本路径规划。

3. 有人做背书

创业项目是否有价值，是需要有影响力的权威，如主流的财经媒体来证明的。所以，企业在规划资本路径的时候，一定要重视头部财经媒体，与他们建立良好的关系。有了这些权威性的财经媒体的背书，可向公众树立一个真实存在的公信力形象，解决了信任问题，资本更加愿意向你靠拢。

4. 懂得投资人

在选择投资人的时候也应当遵循一套标准，而不是投入资金就能合作。

（1）懂企业

创业者最好选择有创业经历，或者曾经在创业公司工作过的投资人。这样的投资人对创业的不易更加感同身受，更加明白"创业是九死一生"的真正内涵。他们会根据亲身经历和经验来帮助你。

（2）懂资本

作为投资人，懂资本是一个非常重要的能力。最理想的投资人是那些在资本市场中久经沙场的人，他们拥有更加丰富的投资经历，更加懂得如何才能帮你轻松获得融资。

（3）懂人性

在投资界有这样一句广为流传的话："做投资，越老越值钱。"为什么？因为经验丰富的投资人在投资领域工作时间长，遇见的人多，经历过各种各样的融资困局，具有丰富的处理人性问题的成功经验。这样的投资人可以做到未雨绸缪，为你规避很多可能出现的融资风险。

5. 懂得与资本打交道

创业、做生意，首先就要懂得与资本打交道。简单来说，就是在融资的时候，懂得保护好自己。对于那些条件不好的投资，宁愿放弃。因为你一旦为了融资而失去对企业的控制权，就会沦为资本谋求收益的最大工具，最终受害的还是自己。

对于一个企业家来讲，要想成功创业、经营好一家企业，拥有出色的资本思维是必备的能力。

第二章 管理思维：好的管理使企业长盛不衰

做企业，需要把管理思维贯穿整个企业的运营、发展过程。懂管理的人，往往是在避免问题的发生；不懂管理的人，永远在解决问题的路上。管理思维是管理企业的根本，在企业经营过程中运用好管理思维，企业才能长盛不衰。

一、领导思维：优秀的领导者才能行稳致远

人人都说，一个企业发展得好、生意做得好，是因为有一个好的领导者。领导者之所以优秀，不但因为他会管人，更因为他懂得在做管理之前，首先要有领导思维，扮演好一个领导者的角色。

看其兵识其将。事实上，衡量一个领导者能力和水平的高低，并不是看他有多会"干"，而是看他有多会"想"、情商有多高，员工跟着他是否感觉很幸福。思维能力是衡量领导者总体能力和水平的根本。领导者的领导思维模式决定了领导能力和水平。

一个真正优秀的领导者必须具备以下领导思维：

1. 换位思维

企业领导者很多时候是站在领导者位置来思考如何管理的。企业管理的群体是基层员工，领导者一味地高高在上，想要控制员工，员工势必会产生反感心理，管理效果势自然很差。"己所不欲，勿施于人。"如果能设身处地地将自己摆在员工的位置，用员工的视角去看待管理，去做管理，通过个人利益的满足带动企业利益的满足，这才是一个合格领导者应有的管理能力。

2. 发散思维

发散思维就是变通思维。企业的领导者想问题、做事情思维要开阔、要灵活，不能钻牛角尖，因此领导者还应当具备发散思维。发散思维，就是在处理一件事情的时候，一条路都不通，可以站在不同视角、不同维度思考解决问题的方法。发散思维，可以拓宽思维的深度和广度，将思维触角延伸到更远。

3. 目标思维

很多人做事情都是漫无目的的。怀着这种"混日子"心态，事情会越做越糟糕。作为领导者，在管理员工的时候毫无目标，员工就会变得越来越散漫。久而久之，公司这座大厦就离倾覆不远了。

领导者如何在管理过程中发挥目标思维作用呢？

①企业目标永远第一位。企业目标要先于个人目标。企业里的所有人、所有事都应当围绕企业目标进行，一切脱离了企业目标的行为都是无效行

为。领导者在领导和管理员工的时候,要将企业目标放在第一位。

②设定正确目标。领导者做管理,首先要为自身管理设定目标、帮助员工设定工作目标。有目标,员工做事情才有激情,并以目标为导向,使每一个人朝着一定方向努力,从而实现企业目标。当然,设定员工目标,还应当聚焦员工利益。只有这样,员工才能更加愉快地工作,为公司贡献更多价值,实现员工与企业效率双赢。

思维决定出路。越是干大事,越是有野心的领导者,越注意思维能力的培养和提升。优秀的领导者在管理过程中必备以上领导思维才能行稳致远。

二、团队思维:创造高绩效的终极密码

很多企业领导者将自己放在企业高层的位置上,脱离了执行层,自己干自己的,员工干员工的。这说明领导者并没有起到应有的关键作用,弄错了管理的重点。

管理是对人的管理,没有团队思维、不会带团队的领导并不是好领导。团队思维是企业创造高绩效的终极密码。

领导者如何运用团队思维做管理呢?

1. 融入团队,以身作则

管理者与员工的关系像是家长与孩子的关系。领导者只有把自己融入

团队这个大家庭中，才能与团队之间建立更加亲密的关系。但作为团队的"家长"，领导者不能对自己和团队成员执行两套标准。以身作则远比苦口婆心地说教更有说服力，在潜移默化中影响团队要比用制度控制员工所产生的效果好得多。

2. 合理授权，分工明确

一个成功的领导者更加懂得授权的重要性，也懂得给谁授权，如何合理授权。领导者过于痴迷于自己的权力，不给员工一点职权，员工永远难以成长。放权并不等于不管理，适度、合理放权和授权，其实是让团队成员有目标、有计划、有尺度地执行自己认为正确的决定。

在授权过程中，领导者要从企业维度、业务维度、团队维度去思考每个成员在团队中充当什么角色和具备什么能力，团队目标是什么，权限的边界和红线是什么，然后根据每个团队成员的能力进行合理分工。敢于放权，合理授权，才能检验团队成员的实力和价值。

3. 将团队成员特长发挥到极致

对领导者而言，一个重要工作就是明确每个团队成员的特长和优势。

"尺有所短，寸有所长。"领导者不要认为团队成员特长和优势掩盖了自己的光环，也不要觉得自己是高层，是干大事的人，只把一些小事情交给团队成员去做，这样不但埋没了员工的特长和优势，也让自己被烦琐的工作所累。明智的领导者、管理者更加注重团队成员特长的发挥，确保团队成员在各自的位置上做自己擅长的事，不但员工干得有激情，还能实现企业利益最大化。

4.建立团队成长机制

没有学习就没有未来。企业团队也是如此。不会学习的企业不会长久,一定要打造一支学习型团队。学习能带来技术的提升、思维的提升、激情的提升,只要员工在学习环境中不断成长,企业的未来就不是梦。

成长机制,可以通过早会或夕会引导员工做分享,分享有价值的感悟、受益心得、成长体会等,通过优秀员工的分享,就把优秀经验复制到每个团队成员身上。让很多人去享受这个人的优秀,让更多人身上具备这个人优秀的记忆,我们可以把这种复制称为"优秀复制"。对于优秀员工的分享,可以给予一定的激励,引导大家爱学习、会学习、学以致用。在团队中进行优秀复制,对于企业来说,可以发挥低成本快速提升整个团队能效的作用。

企业内训不一定要请企业外的老师专门来做,内部优秀员工也能成为最好的老师。"当下师为无上师",只要整个团队的每个成员都生活在好的、向上的分享文化、成长文化中,那么团队就能得到成长,企业的未来也就不是梦。

没有带不好的团队,只有不会带团队的领导。一流的企业里有很多优秀的员工和团队,这是领导者、管理者善于运用团队思维做管理的结果。

三、结果思维:向付出要回报

作为领导者,不能为了管理而管理,而是要考虑你能够为员工带来什么？员工跟着你能获得什么样的成效？跟着你能有什么样结果？千道理万道理，结果才是硬道理。这就是管理的结果思维。

结果思维，通俗地讲，就是做一件事情要达成什么目标，取得什么效果，同时还要思考如何才能保证目的和效果的达成。结果思维应用于管理中，需要注意时间限定、有价值、可考核。

时间限定，就是在一定时间内产生的结果是有效的，超出这个时间限定可能导致实施结果失败；有价值，就是能够达成目标的实现；可考核，即结果的可视性。

在日常管理过程中，如果领导者实施一系列管理之后，没有达到预期效果，甚至与预期效果相去甚远，那么你的管理就没有实际意义和价值。员工跟着你干，目的不外乎三个：获得财富的增长、个人能力的提升、个人职位的晋升，总之，就是要获得财富、能力、职位的优越感。向付出要回报是人之常情，也是员工想要的结果。如果员工跟着你努力干了一段时间后，发现自己没有获得显而易见的财富增长、能力提升、职位晋升，就会离你而去，选择其认为更好的企业谋发展。

作为企业领导者，要想做好管理，首先就要做出成果，而不是在管理过程中不断让员工"喝鸡汤"。员工短期听老板说了什么，长期一定是看老板做了什么，能够给自己带来什么样的结果。

领导者如何通过管理给员工带来好的结果呢？

1. 人岗匹配

一个优秀的管理者，首先考虑的并不是如何培养员工的能力，而是从公司的人才档案、管理者访谈等渠道采集员工相关能力数据。然后通过这些数据，给员工进行人才画像。明确员工的能力优势和不足，并根据其能力优势，为其匹配更加适合的工作岗位。这样公司不需要付出较高成本就能培养员工的能力，使员工获得能力上的提升。

2. 学习培训

成年人的学习，并不是公司希望他们学什么，他们就会十分热情地学习什么。只有真正明白他们的学习动机，才能激发他们的学习兴趣，达到很好的培训效果。

通常，人们总是愿意主动去学习和了解对自己有益、有价值的事情或技能，比如技术的提升、思维的提升等。能够激发员工主动学习的关键在于抓住他们某些没有得到满足的个体需求。

因此，要想让员工主动积极去学习、参加培训，首先，让员工明确某项内容是为了满足个人事业成功和职业发展的需要而学习。其次，一套学习方法不一定适合所有人，要根据员工认知水平因材施教。

3. 绩效考核

如果说岗位匹配和学习培训是员工能力提升的前期工作，绩效考核则是员工能力提升的可视化。定期开展绩效考核是对员工工作能力、学习效果的一种见证。采用低底薪、高绩效的方式，让员工付出获得应有的回报，反过来可以更好地激发员工的工作积极性。将绩效考核结果与员工的工资、职位晋升相挂钩，员工才能更加真切地感受到，在公司工作能让自己收获实实在在的价值和成果，自己在公司的付出得到了应有的回报。

好的管理不是控制员工，而是给员工带来好的结果。员工收获了肉眼可见的好结果，才会心甘情愿地付出，企业才能有好的发展。管理的最好局面就是企业成就了员工，员工成就了企业。千管理万管理，结果才是硬道理。

四、合伙思维：不懂合伙，必定散伙

绝大多数企业领导者都把自己放在高高在上的位置，认为自己是上司，员工是下属，员工只是为自己创造经济价值的机器。这是很多管理者普遍存在的思想误区。基于这种思想误区，他们在管理过程中觉得自己应该管理好员工，让员工安分守己、为自己做事。但这样造成的结果往往是领导层与基层员工的关系"一个天上，一个地下"，一边是指令长期得不到执行，一边是愿望长期得不到满足，最终整个企业员工处于离心状态。领导者管理工作做得越多，员工就越缺乏凝聚力。

优秀的领导者懂得合伙思维的重要性，懂得放下身段，走到基层员工中，将员工当作自己的合伙人，与员工共同扛起将企业做大做强的大旗。

具备合伙思维的领导者，不但要重新定义自己与员工之间的关系，而且要明确谁出钱、谁出力、谁领导、谁执行，还要懂得如何与员工合伙干事业。

运用合伙思维，领导者可以将一部分业务承包给员工，将以前销售额基础上增长的部分按一定比例拿出来分给员工；也可以给员工股份，让员工成为公司股东中的一员,给员工分红,让员工有主人翁意识,认为工作是在为自己干。各个岗位都可以成为企业的合伙人,可以变通使用。这样管理者省心,员工自己操心,稳定性强,好操作。

五、危机思维:居安思危才能防患于未然

我们永远不知道危机什么时候到来,但我们可以时刻具备危机思维。没有危机感的人永远生活在危机里。一个时刻有危机感的人,危机很少会发生在他身上。因为危机还没有来临,他就提前把危机扼杀在"襁褓"里。

无论当下企业取得了多少辉煌成就,企业领导者、管理者都应当具备危机思维,拥有忧患意识。对于企业管理,没有危机意识才是最大的危机。

当然,只有危机思维是远远不够的,还要进行科学有效的管理和控制,用强有力的危机管理来抵御危机,才能使企业具有更加持久的生命力。

领导者如何用危机思维做好危机管理呢?

1. 目光高远

"凡事预则立,不预则废"。企业领导者、管理者必须具有前瞻思维,要看得长、看得远。做管理工作要提前做好筹划,这直接决定管理工作的成败。

凡事都要往前看,管理者能够对未来事物可能发生的变化做出预测,并提前制定针对性的应对措施,才能将事情做得顺畅。

管理者不要只顾眼前的一亩三分地，不要等事情发生了才想办法收拾残局，更不要在危机来临时让自己处于束手无策、坐以待毙的境地。而是在做决策之前，充分运用前瞻性眼光做预判，在做好防范的前提下，使事态朝着好的方向发展。

2. 自我反思

很多老板每天忙着做管理，抱怨员工不好管，却没时间自我反思。

养成自我反思的习惯，当遇到不好的管理结果时，第一时间从自己出发，花时间思考自己存在的问题：管理的目的是什么？为什么失败？从中吸取了哪些经验教训？以后如何把管理做得更好？

但在管理取得显著成绩时，却很少有人进行自我反思。越是在成绩突出的时候，越需要做自我反思、自我总结，如此也越有助于日后的管理工作稳中有升。这一点十分难能可贵。

3. "打粮草"更要"增肥力"

在管理领域有一个十分贴切的比喻："管理者要做的工作就是两件事：'打粮草''增肥力'。"

管理者向员工要效益，这就是"打粮草"。但管理者不能一味地向员工要效益，却忽视给土壤增肥、施肥，久而久之，团队成员能力被"榨干"，就难以继续产出"粮草"。

所以，管理者要有危机意识，在"打粮草"的同时，也要给员工"施肥"，通过培训提升员工的技术能力、思维能力、执行能力等，还要拿出精神和物质奖励来激励员工，为下一次"打粮草"做"增肥力"准备。

居安思危才能防患于未然。常常有意或无意地保持一种危机感,并积极寻找方法在危机来临之前就化解危机,是企业保持长久发展的有效方法,也体现了一个优秀领导者、管理者的智慧。

第三章　产品思维：好产品自带流量和销量

产品是企业长久发展的基石。好产品自带流量和销量，是企业在市场竞争中的最好武器，企业要不惜一切代价在产品上下功夫，获得消费者的认可，赢得消费者的信赖，拥有足够的流量才能撬动整个市场。

一、价值思维：没有价值的产品没有竞争力

在市场竞争越来越激烈的情况下，什么样的产品才能称得上是真正的好产品？每个消费者心里都有一杆秤。他们买不买你的产品，取决于你的产品是否有足够吸引他们的地方，是否有让他们不得不买的理由。

消费者购买产品的关键在于性价比，性价比=（外观+品质+产品功能价值+产品情感价值+产品精神价值）÷价格。

真正的好产品，不仅在于外观精美、品质优良，更在于产品能够满足消费者利益的需要性或需求性，包括功能价值、情感价值、精神价值。具有这样价值的产品才是消费者眼中值得购买的好产品。因此，企业一定要注重借助价值思维对产品进行价值塑造。

1. 功能价值

功能价值，简单来说，就是当你渴了，买来一瓶水喝，这瓶水具有解渴功能。那么"解渴"就是这瓶水的功能价值。

消费者在判断产品功能价值时，通常考虑两个问题：

第一，产品对我有什么用？

第二，与别的同类产品相比，该产品在功能上有什么不同？

如何体现产品的功能价值？

（1）突出产品核心卖点

卖点体现的是产品功能有别于其他同类产品的优势、特色，以及能给客户带来的好处。消费者在购买产品的时候，往往感知大于事实。所以，即便市场中有同类产品，我们也可以提炼出产品不同的功能卖点，提炼出的卖点越突出，产品在市场中的竞争力越大。

（2）围绕消费者痛点提炼功能价值

很多时候，一件产品所具备的功能价值不止一个方面。想要展现功能价值，最好的方法就是围绕消费者痛点提炼功能价值。这样提炼出来的功能价值源于消费者、服务消费者，恰到好处。

维达产品是多年来市场中出现的功能价值塑造得最好的产品。在纸类行业中，品牌产品众多，维达"超韧系列"则抓住消费者"纸湿即破"的痛点诉求，将"湿水不易破"这一功能作为价值切入点，满足消费者的用纸需求。

2. 情感价值

随着市场产品同质化的加剧，当产品的品质、价格、功能相当的时候，产品的情感价值也就成为产品全新的竞争力。

情感价值其实是对消费者情感需求的满足，如个性的张扬、情绪的发泄等，这些都是产品情感价值的输出口。情感消费的产生，源自产品所蕴含的情感价值。

白酒品牌江小白深谙此道，其打造的"表达瓶"就是产品情感价值塑造的代表。例如，"已经到了儿时羡慕的年纪，却没能成为儿时羡慕的人。""清晨的粥只能填满胃，深夜的酒却能填满心。"

显然，情感价值已经成为产品的情感表达和个性代言。具备情感价值的产品也成为一种社交工具，在消费者中传播开来。

如何对产品进行情感价值包装？

第一步：从消费者角度，思考消费者想要表达什么样的情感，是亲情、爱情还是友情？是表达不甘落后于人的努力，还是面临困境的励志？是抒发个性情感的表达，还是对平安生活的诉求？

第二步：把情感表达植入产品中。通常，产品包装是最好的情感植入载体。产品包装是向消费者传递产品情感价值最好的渠道。

3. 精神价值

随着物质的富足及人们认知层次的提升，人们对精神生活也提出了更高的要求。除了产品的情感价值，消费者越来越注重产品的精神价值。

精神价值，就是满足消费者精神上的追求和美好的向往，比如希望成为伟人、渴望成功、渴望提高身份和地位等。这种产品价值更容易得到消费者的追随。

甲壳虫汽车是大众品牌旗下产品，它之所以能成为世界经典名车，并且畅销几十年，除因其保持前沿汽车创新技术外，还有一个重要原因就是其体现的是一种永不屈服的精神。甲壳虫汽车因为这种特有的精神，使消费者觉得即使其价格昂贵，也非常值得购买。

产品精神价值的塑造，并不是通过在产品的某个生产环节加入什么材料或工艺来体现的，而是在产品设计、产品理念，以及生产、维护、运营、发展和传承的全过程中都要形成理念与价值导向，并将这种精神价值传达给消费者。此外，还需要通过产品管理，使产品与产品研发人员、设计人员、生产人员等的气质和风格达到趋同，这样才能将这种独特、持久的精神通过产品展现出来。

当产品已经在功能价值、情感价值、精神价值上与消费者达成和解，形成共同认知时，更容易使消费者目光聚焦于产品，产品就拥有了让消费者不得不购买的资本。

二、营销思维：营销能力就是赚钱的能力

酒香也怕巷子深。你的产品好，但没有好的营销能力和手段，难以卖出去、没有复购，这实际上是对好产品的一种浪费。

光靠努力销售就能致富的时代已经过去了，缺乏营销思维或者不懂营销，产品很难卖得好。现在是一个典型的营销时代。

营销与销售之间的不同点在于：销售是找顾客将产品卖出去；营销则是让客户主动来买产品。销售研究的是如何将产品卖好；营销研究的是如何使产品好卖，研究的是如何将更多的产品卖给更多的人、卖的次数更多、卖的利润更高的问题。这也是营销的核心。

现在这个时代，市场竞争异常激烈，如果再以销售为主去卖产品，难度很大。但如果营销做得好，使顾客对产品有了更深层次的认知，产品的吸引力就会增强。这样找你的顾客就比较多，产品卖起来也就容易很多。如果顾客缺乏对产品的认知，你的销售口才再好，再勤奋、再努力，都很难打动顾客的心。所以，你的营销能力有多强，你的赚钱能力就有多强。产品盈利越好，企业的发展前景就越好。

如何借助营销思维提升顾客对产品的认知，让产品更具吸引力呢？

1. 展现产品的创意和价值

消费者购买产品，关注的是产品的性价比。性价比越高，对他们越有吸引力。解决产品吸引力问题的关键，就在于做产品宣传和推广，向消费者明确展示产品的创意和价值，包括产品包装、用料、工艺、性能等，让消费者真真切切地看到、感知到，让消费者认为产品物有所值。

2. 品牌背书为消费者增加信心

通过向客户强调产品背后的品牌保障，即借助品牌背书来增强消费者信心，同样能达到很好的产品营销效果。

所谓"品牌背书"，就是将品牌作为要素，出现在产品包装或产品外观上，以此给产品打造品牌标识。因为品牌往往意味着安全、可靠、实力、信誉等，消费者如果信赖品牌，也会爱屋及乌，爱上品牌的产品，进而主动埋单。

3. 服务有保障

在消费者眼中，真正的好产品不仅要质量过硬，还要有服务保障。"服务保障"往往是那些高品质产品才敢对消费者做出的承诺。向消费者强调产品背后的高规格、高标准服务，是一种削弱产品价格敏感度的有效方式，也是吸引消费者购买的重要手段。

如今的商业竞争中，营销思维必不可少。高明的营销手段是产品在同类竞品中脱颖而出获得成功的关键。

三、故事思维：讲故事比讲道理更有说服力

好产品自己会说话。产品如何说话？靠的就是产品故事。做产品，不但要有辩证思维，还要有故事思维。

故事往往有场景、有情节、有交互，更具生动性、连贯性、真实性、传播性，甚至能吸引人的目光，使得原本消费者不愿意接收的信息变得更容易被接收，能引起情感共鸣，能形成牢固记忆，并且故事信息更易于向广度和深度传播。

好的故事与产品之间存在某种特殊的情感，将故事融入产品设计、生产的每个阶段，可以帮助你塑造好的产品形象，使产品形象逐渐趋于丰满化、立体化，达到为产品代言的效果。讲故事比苦口婆心讲道理更具说服力，这就是故事思维的魅力。

那么如何在做产品的过程中运用好故事思维呢？

1. 与消费者建立关联

产品研发设计要关注消费者的痛点和需求，使产品与消费者建立起联系，产品才能有市场。构建产品故事，同样需要与消费者建立关联，创建能引发消费者情感共鸣的故事，才能打动消费者，占领消费者心智。

如何让产品故事与消费者建立关联？首先要了解目标消费群体的喜好、

产品使用场景。消费者喜欢什么，就围绕什么讲故事；消费者可能使用产品的场景是哪里，就把哪里的场景放在故事中。这样的产品故事才能与消费者紧密关联，能更好地吸引消费者。

2. 构建故事

在找到产品与消费者的关联点之后，接下来就可以构建故事。构建故事时要明确四大要素，即角色、时间、地点、情节。在满足这四大要素的基础上，构建一个生动、连贯、可信的故事内容，然后加以渲染和包装，一个看似真实的故事就成型了。

具体而言，构建故事时需要遵循以下原则：

（1）强烈的代入感

以产品的某个基于人性的情感冲突，推动整个故事情节向前发展，让消费者在故事的关键时刻顺势代入。

（2）痛点唤起行动

将消费者的痛点引入故事中，引起消费者的情感共鸣，此时恰如其分地给出一个有关产品的创造性解决方案，能够有效激发消费者积极购买产品的热情。

（3）创造故事燃点

一个平淡无奇、平铺直叙的故事难以在消费者心中激起涟漪。因为消费者需要的是一种刺激感和冲突感，记流水账不能激发他们的热情，更无法让他们产生持续的关注动力。有高潮、有低谷、有惊心动魄的冲突和对打，这样的故事更加引人入胜，让受众迫不及待地希望看到后面精彩纷呈的故事内容。

（4）融入可视化情感

一个没有任何情感色彩的故事，塑造出来的产品必然给人冷冰冰的感觉。赋予产品故事可视化的情感能量，可以将故事内在的情感优势更好地嫁接在产品上，从而让消费者感受到产品所蕴含的情感。

（5）产品"人设"戏剧化

在整个故事中，产品是主角，要想将这个主角"活化"，就要将产品"人设"化，而且赋予其戏剧化色彩，产品"人设"就变得更加丰富、生动和饱满。

不同的人，在不同的时候会对某些物品有一定的需求，也许他们此时最大的心愿就是自己并没有说出来，却因为心里想什么，现实中就能收获什么。

一个小孩子想要的光，也许不是真正的光，而是一片星空；一个女生想要做公主，但她并不是想要成为真正的公主，而是获得童话世界里公主般的感觉；一个老人，并不是真的想让自己不老，而是通过各种方式去证明自己还未老去；一个中年人，想要超越自己，就需要通过不断创作化解内心的危机⋯⋯

菜鸟驿站为了更好地推出其打造的回收再利用快递纸箱，创作了一个与回收再利用快递纸箱有关的故事，表达的主题就是让所有心愿都能如愿以偿。而所有心愿给生活带来的改变，都是从收到一个快递纸箱那一刻开始的。

视频中,一个贴有红色气球标签的绿色回收纸箱作为贯穿整个故事内容的"主角",从装满心愿送达并循环到下一份心愿送出,将"心愿留下来,纸箱还回去"作为故事主题,将小孩子、女生、老人、中年人的心愿串联起来,每个人收到纸箱的那一刻便是心愿实现之时,当同一个纸箱回收再利用到下一个人手中时,便是下一个人心愿实现的开始。就这样,菜鸟将"实现心愿"赋予了回收再利用纸箱,使其具有一定的情感色彩,由此讲述了一个回收再利用纸箱子的"红色球之旅"故事。借助这个故事,菜鸟唤起了诸多消费者加入绿色回收行动的积极性。

总之,故事思维使产品成为一个有故事的"人",从用户需求入手,到赢得用户关注,从获取用户信任,到情感唤起用户行动,使得产品故事一气呵成。这样的故事更能赢得消费者对产品的喜爱。

四、创新思维:创新才能创未来

如今,产品同质化已经成为不争的事实,产品的差异化已经关系企业的生死存亡。

企业要想有所突破,获得全新的机会,就要进行创新,要有创新思维。要记住一句话:无创新,不创业。没有能力创新,或者半年至一年时间没有创新，这就是一个危险信号。产品没有创新是很难存活的，更何谈竞争？创新才有未来。

1. 产品创新条件

进行产品创新的条件是什么？如何提高产品创新效率呢？

（1）不断拓展见识和积累经验

对产品进行创新，首先要拥有充实的知识和丰富的经验，这是创新产品的首要条件。你所拥有的知识和经验越丰富，获得创新灵感的机会越大。

（2）勤于思考

创新并不是一件拍脑袋就能实现的事情，是经过深思熟虑的结果。想要创新，就需要勤于思考，并要倾注更多激情和汗水。

（3）不轻易放弃和否定

很多时候，凭借经验，我们会在不经意间想到一些想法和点子，虽然这些闪现的想法和点子会显得不够成熟，但不要将其随意放弃和否定。相反，将其记录下来，找一个适合创新的情境，比如不受外界打扰的小房间，重新从多维度思考你的想法和点子是否具有可行性。如果可行，就从中加以提炼或进一步将其拓展和丰富，直到成型。

（4）充分利用一切可用信息

独立思考所获得的创意灵感是有限的，很多时候，如日常生活中很多人聚集在一起分享自己的见解、倾诉自己的诉求和痛点，这些外界信息中常常隐藏了很多具有启发性的点子。

(5)学会改良和微创新

并不是只有天资卓越的人才适合创新,天资卓越的人少之又少。进行产品创新要求领导者勤于观摩和学习,善于模仿、精于模仿。这里的模仿并不是抄袭和照搬,而是在别人产品的基础上,学会结合自身特点,对别人的产品进行适度改良和微创新。

2. 产品创新方法

产品创新也要讲究方式和方法,不能盲目创新。

(1)加减法

对竞争对手产品或自身已有产品进行改良和微创新,其实就是产品创新的加减法。所谓加减法,就是对产品属性进行改变,使其变大、变小、变多、变少、变快、变慢等。

手机的迭代创新,很多就是在原有手机的基础上增加一些新功能。比如,将传统平板手机屏幕增大,并将其改良为折叠手机。

(2)替代法

替代法,就是用新功能、新工艺、新材料、新组件替代原有产品进行的创新方法。

某款保暖内衣初代产品是靠加厚来实现保暖的。实现创新后,企业对内衣产品面料进行了改良,采用新的科技手段蓄热,既能阻挡外来寒风入侵，又能使热量循环。这是典型的通过新工艺替代法实现产品创新。

（3）组合法

组合法，就是在现有产品的基础上，将功能、工艺、材料、组件等元素进行组合，从而使产品以全新的面貌诞生。

比如，卡片机和单反机相组合，就形成了"微单"相机。这就是一种组合创新法。

（4）逆向法

逆向法，就是与常规思路唱反调去思考产品创新，这样的产品往往会令人眼前一亮。

快一秒的产品创新、思维，能让产品在整个市场快人一步。谁率先进行产品创新，谁就能率先占领全新市场。

五、体验思维：极致体验是产品口碑的关键

如今的消费者，货比三家比的不仅是产品的品质，还是产品的体验。消费者在亲身体验后，才知道产品到底好不好，是否值得花钱购买。可见，体验思维在产品思维中意义重大。

没有产品体验或者产品体验差,往往是导致产品口碑下降的重要因素。口碑差、销量差、复购率差、竞争优势差,就会给竞争对手可乘之机。在产品同质化严重的时代,所有产品拼的都是极致体验。

什么是"极致体验"?通俗地说,就是用户使用产品时感觉"很爽""很好玩"。

一件产品好与坏并不是靠销售员的口舌告知用户,而是靠用户亲自体验后获得的感知来体现。用户亲自获得的体验感知,往往更容易形成记忆。

更好的用户体验是某品牌矿泉水的追求。以该品牌的婴儿水为例,瓶身设计上就体现了对用户体验的重视。整个瓶身设计强调产品与人的关系,在瓶身的弧度上有一个棱线的处理,以此增强用户握感。

比如,父亲的手比较大,完全按照父亲手掌的尺寸来进行瓶身背后的设计,父亲可以从瓶身背后抓取。而母亲的手比较小,所以按照绝大多数母亲手掌的尺寸来进行瓶身前面的设计,母亲可以从瓶身前面抓取。这个细节设计就充分考虑了用户体验,在同类产品中是非常难得的。

那么如何才能让产品给用户带来极致体验呢?

1. 超预期使用体验

用户购买产品的根本原因是对产品有足够的满意度,用户满意度的公式如下:

$$用户满意度 = 用户体验 - 用户期望$$

用户对一件产品的期望值是一定的，要想提升用户的满意度，就必须大幅提升用户体验。极致的用户体验就是使用户对产品产生超出想象的满意感，即超预期体验。这个基础上，用户心中的好产品形象就形成了。

2. 简化产品操作流程

消费者使用产品，往往需要以最短的时间、最简单的步骤而获得产品带给自己的良好体验。一件产品即使品质、功能、工艺再好，如果在使用的时候不易操作，或使用步骤太过烦琐，也会使消费者对产品的热情和兴趣逐渐被磨灭。这样势必降低用户的满意度，也会给产品减分。因此，企业做产品时，一定要学会揣摩用户意图，最大限度地减少产品操作流程，力求做到极简。

3. 营造情感化互动氛围

消费者在对产品有使用需求的同时，还需要获得情感上的愉悦和满足。基于这一点，企业可以对产品进行情感设计，有效激发用户的情感共鸣，使其获得极致的情感体验。极致的产品情感体验往往有温度、有价值、有内容，让用户从感官上就能体会到，而不是让用户主动去摸索和发现。当用户感知到产品蕴含的情感价值之后，就会被产品所触动，使产品在同类产品中脱颖而出。

现代商业产品的竞争，已经从纯粹的产品品质竞争演化为产品体验竞争。谁能打造出价格厚道、打动人心的产品，谁能将用户体验放在第一位，谁就能成为市场的王者。

六、极致思维：单点极致，让用户尖叫

无论哪个企业，一切与产品有关的研发、设计、生产、销售，都是为了更好地迎合用户。用户需求直接决定了品牌产品的功能和价值取向。做产品更应该有极致思维。

什么是"极致思维"？极致思维，就是将产品以及与产品有关的服务、体验等做到极致，甚至超出用户预期。通俗地讲，极致思维就是做一件产品，不只是将其做好，而是将其做到最好。如果用全力去做，要付出100%的努力；那么将其做到极致，就要付出120%的努力。

做生意该如何践行极致思维呢？

1. 单点聚焦

当下市场竞争的激烈程度不言而喻，平平无奇的产品没有吸引力。企业应把全部精力都集中在产品的某个点上，可以是产品的包装、功能、工艺等，并围绕这个点不断发力，用一种工匠精神去创新、完善，直到超出用户想象。而且发力的点只能是一个，不能有太多花样。只有单点聚焦时，才能将这个点做得更精、更专。

同样是卖花卷，隔壁店卖的都是咸口味的，而另一家店卖的花卷却在

口味上下了很多功夫，有干果类的、巧克力味的、奶酪味的……口味十分丰富，超出了人们对花卷口味的认知，自然能吸引更多顾客前来购买。

2. 超高性价比

通常，产品性能越好，售价就越高。但如果借助极致思维将产品的性价比做到极致，那么你的产品必定能成为收割市场红利的利器。

众所周知，小米手机一直以来都将追求极致性价比作为自己的产品定位。极致性价比就是产品性能好、质量可靠、价格低。消费者会认为自己低价买到了高性价比手机，就是捡了便宜。小米手机也因此赢得了大批忠实粉丝。

3. 超预期附加值

解决用户需求和痛点，是产品本身应该具备的属性。但如果你的产品除了解决用户需求和痛点，还能为用户提供与产品相关的超预期服务和体验，那么你的产品就具备了超预期附加值。

无论是做快餐还是休闲餐饮，一个餐厅能容纳多少个座位、前厅、后厨、食材等的成本都是固定的。然而，在这种成本固化、菜品品质大同小异的情况下，要想增长业务量，从服务入手，将企业自身视为服务业是最好的突破口。

海底捞在这方面的做法堪称典范。在海底捞，当顾客排队等候用餐的时候，海底捞会为等待的顾客免费提供美甲服务，既能帮助顾客消除等待的焦急心理，还能让每位顾客获得超出预期的服务；当女性顾客用餐时，往往因为头发长而影响进食，海底捞服务员就会为顾客提供绑头发的发圈；当顾客过生日时，海底捞员工会奉上一个精致的生日蛋糕，热情地举着生日牌，为"寿星"唱生日歌……

在产品同质化难分胜负的情况下，餐饮业拼的就是与菜品有关的服务。服务其实就是用人力和智慧来完成大部分消费者的豪华体验。海底捞为顾客提供的这些贴心服务，提高了行业服务标准，将服务做到了极致，因此成为整个行业的标杆。人们花钱吃一顿相同品质的火锅，自然更愿意去海底捞享受更好的服务。

极致思维要融入产品的各个环节，当产品正中消费者的需求点、痛点，并能超出其期望值，消费者就会为此而感到惊讶、惊叹，甚至尖叫不已。这样的极致产品更能顺应时代的发展，长盛不衰。

七、差异化思维：快速助力产品突围

当前，市场中的同类产品众多，消费者可选择的产品太多，如何提升产品的辨识度，成为迫在眉睫的问题。

差异化思维有效助力产品快速突围。产品实现差异化的过程，就是一个不断提高产品在同类竞品中辨识度的过程。

在产品同质化时代，产品如何才能与竞品之间拉开差距？

1. 外观差异化

产品率先吸引消费者注意力的就是外观。差异化外观能让产品在消费者眼前一亮，快速吸引消费者的目光。尤其是那些高颜值的产品，更容易得到消费者的喜爱。

高颜值产品，通过相应的材质、工艺、色彩、尺寸、形状的处理，再加上各种流行、复古、时尚等元素的契合，就形成了产品外观的差异化。

2. 功能差异化

产品功能也是消费者选购时考虑的重点。当你的产品功能深入人心，占领用户心智时，即便同行业竞品与你竞争，也是无法超越你的。要用产品功能差异化占领用户心智，就要做到"人无我有，人有我优，人优我特"。任何时候都能在功能上保持领先，这样的产品在市场中的竞争力更胜一筹。

3. 技术差异化

技术差异化也是助力产品差异化快速突围的重要方法。一项技术的重大突破和应用，往往能开拓一个新品类，或者对现有产品进行迭代更新，可以有效提升产品的市场竞争力。

4. 服务差异化

同类产品看品质，相同品质看服务。服务是产品的延伸。如果你的产品在一定程度上面临同质化问题，实现产品差异化成本最低、效果最好的方式就是服务差异化。给消费者提供的产品服务与其他同类商品有明显差异，并将其明确呈现出来，让消费者看到或感知到，消费者自然会因为这些差异化服务而心动。

同样一款沙发，别人家只提供送货上门服务、7天无理由退货服务。你除了提供送货上门服务和7天无理由退货服务，还提供免费安装、免费维修、免费清洗、15天免费退货、退货由商家免费上门取货等服务，这些突出的差异化服务为消费者提供了产品之外的附加价值，同样的沙发，提供好的服务的企业必然受消费者青睐。

5. 体验差异化

用户体验好与坏决定了用户对产品的口碑和复购率。体验差异化可以从以下两方面入手：

（1）产品接受门槛

产品接受门槛，就是通过简化操作步骤、提供免费试用等，降低产品的使用门槛，尽可能让每一个消费者都能亲自操作和参与体验。

很多产品为消费者提供免费店内体验，但店内体验时间较短，消费者难以在短时间内做出购买决策。但亚马逊Astro家用机器人就提供6个月的产品免费试用，让消费者有足够长的时间去体验产品，消费者如果不喜欢可以直接退货。这其实也是一种营销策略,能够更好地吸引人们去尝鲜体验和购买。消费者体验一段时间后,真正喜欢产品后,自然不舍得退货。

(2)产品体验效果

产品体验效果好的关键是让消费者体验后获得清晰、明确的感知。这也是实现产品体验差异化的一种方式。

空气净化器,由于$PM_{2.5}$空气污染物在空气中肉眼难以看见,所以空气净化效果如何,消费者很难感知到。但如果在产品上增加一个空气质量显示功能,消费者就能通过视觉更加直观地感受到空气质量的变化情况。这样的差异化效果,自然使产品更受消费者喜爱。

6. 目标用户差异化

目标用户差异化,就是将某个特定的细分用户群体作为产品的销售对象。

传统白酒面向的目标消费者是普通大众,范围广、人群多。而白酒品牌江小白则是将年轻消费者作为自己的目标用户,通过更加贴合年轻人心声的文案,占领年轻客户的心智,打造了产品的差异化特点。

产品差异化思维也是一门学问,需要在实践中不断思考和尝试,从而使产品快速开辟、占领、抢夺市场,形成坚固的壁垒。

第四章 互联网思维：破局行业变革

当前，我们正处于互联网时代，各行各业的企业运营都离不开互联网思维的助力。在这种大背景下，互联网技术的广泛应用成为商业模式创新的支撑点，使得企业的发展迈入了前所未有的创新阶段和赢利阶段。可以说，互联网思维是行业变革的基石。

一、平台思维：实现资源整合与流通

互联网的出现使人与人之间、人与物之间、物与物之间的联系更加密切。而实现这一切的核心是平台思维。

什么是"平台"？高校是人才培育的平台，抖音是短视频作品投放的平台，这些都是平台。平台具有聚合人才、技术、资源、信息、数据等资源要素的作用。

平台思维，就是依托各种平台将诸多资源要素聚合在一起，通过优势互补、资源共享、合作共赢的方式实现资源要素的互联、互通、互动的思维方式。一句话，平台思维可以实现资源的整合与流通。不论做什么生意，不论生意规模大小，都可以运用平台思维，将生意做大做强。

该如何利用平台思维呢？

1. 利用互联网媒体平台实现多渠道引流

做生意首先要有顾客，借助媒体平台进行广告宣传，可以通过两大渠道：

第一种，传统媒体渠道，如电视广告、报纸广告、海报广告。

第二种，互联网媒体渠道。可以进一步分为需要投入较高成本的硬性广告，如横幅广告、橱窗广告、关键词广告等，以及需要较低成本甚至零成本的热点文章、短视频内容、微博热点话题、朋友圈内容分享等，这些方式都可以有效吸引顾客。

第二种就是典型的互联网平台思维下的引流模式。对于领导者来讲，借助互联网媒体平台多渠道引流，花小钱办大事，相比而言更胜一筹。

2. 借助电商平台扩大产品销售渠道

互联网电商平台的出现是对线下实体店销售渠道的一种优势互补。如果说线下实体店销售产品是一种体验零售，那么线上电商平台销售产品就是一种效率零售。

领导者在电商平台销售产品，除了借助站内资源，还可以借助短视频、直播等站外资源为自己引流、变现，从而有效扩大产品销售渠道，这样可以快速提升产品销量。

3. 借助社群平台做好流量维护

如今，流量获取成本越来越高，做生意不但要多渠道广泛引流，还要做好流量维护工作，避免客户流失。如何将第一次购买产品的顾客变为复购顾客，如何让已有顾客成为产品代言人并用其口碑为你转介绍新客户，这些都是领导者必懂的生意经。

实现复购与转介绍的关键在于利用好社群平台。社群，就是一些有相同兴趣、爱好、需求等的人聚集在一起而组成的群体。社群的特点是，成员之间具有较一致的群体意识、行为规范，有持续的互动关系，彼此之间分工协作。基于这些特点，可以创建社群，并在社群内做管理、运营、互动和维护，如用户标签管理、优惠券发放、与产品或品牌相关的互动话题分享等方式，以此增加社群成员的黏性。久而久之，社群成员会逐渐对你的产品和品牌有新的认知，并愿意成为你忠实的粉丝。

4. 借助众筹平台减轻资金压力

互联网平台除了可以共享和使用很多免费资源，还可以通过众筹平台筹集资金，减轻公司运营过程中的资金压力。

互联网时代，每一个领导者都要懂得平台思维的重要性，学会利用平台思维为自己带来价值增量。因为平台思维是一个企业发展极为重要的助力。不懂平台思维、平台生态的玩法，企业很难存活。

二、用户思维：得用户者得天下

以前，产品供不应求，产品为王。做生意靠的是卖货思维，即会说自己的产品有多好、只围绕产品设计营销方案、认为顾客都需要你的产品。

如今，产品供过于求，而且产品同质化越来越严重，产品已经不再占主导地位；相反，用户为王的时代已经来临。无论做什么生意，本质上都是在做"人"的生意。以往的卖货思维已经行不通，取而代之的是用户思维。

尤其在互联网时代，企业之间的竞争已经成为"人"的竞争。"得用户者得天下"，用户争夺战异常激烈。谁能在这个资源有限、竞争激烈的环境里精准引流，谁就能将流量转化为更多的成交量，谁就有机会成为行业佼佼者。注重运用用户思维，是互联网时代领导者经营企业的基础思想。

运用用户思维得天下，也需要讲究策略。

1. 站在用户角度思考问题

用户思维就是把有关用户的一切都放在第一位，一切企业的战略规划、市场定位、产品研发、生产销售、营销推广等都应当围绕用户进行。简言之，就是做任何事情都要站在用户的角度去思考，要弄清楚三个基础问题：

①企业的目标用户是谁？

②目标用户的需求和痛点是什么？

③如何才能解决用户痛点，满足用户需求？

明白了这三个问题后，再借助用户思维指导企业经营和运营，企业才能赢得更多用户的心。

2. 与用户成为朋友

在有的领导者看来，企业与用户之间是一种利益对立关系。这样想的人，目光短浅，格局太小。真正聪明的人，将用户当成自己的朋友，并想方设法成为用户的朋友。为了建立朋友关系，要经常走近用户，与用户聊天、互动，获得其信任，成为彼此的朋友。借助各种打交道的渠道，通过用户敞开心扉的诉求表达，或通过观察用户的言谈举止，思考用户言谈举止背后隐藏的真实诉求，从而洞察用户的真实需求。最后，仔细分析当前产品设计是否真正解决了用户需求，或者根据用户需求有哪些方面需要改进。这样，产品设计取之于用户，服务于用户，自然能得到用户认可。

小米公司将用户放在非常重要的位置。小米公司自创立以来，一直强调用户为王，将"坚持与'米粉'做朋友"的原则贯穿小米品牌文化，借助"米粉"的力量推动小米公司向更加美好的未来前行。

小米公司的粉丝和用户已经成为小米公司的产品经理，有粉丝参与，才能保证小米公司有更多符合消费者需求的创新产品。具体来讲，就是小米公司会根据"米粉"的意见对产品进行改进，然后根据用户对新功能体验进行投票的结果确定做得好的项目。如此一来，用户体验和反馈的价值就被最大限度地表现出来，小米公司也因此生产出最符合粉丝需求的产品。

用户思维是互联网时代企业存在和发展的根本与核心。树立用户思维、倾听用户心声、与用户用心沟通。是打破企业与消费者之间壁垒的关键。赢得用户、满足用户、与用户建立牢固关系，企业才能在互联网时代走得更远。

三、社交思维：基于社交搭建用户池

人本身就是一个基于社会群体而存在的个体，在社会中生存，离不开社交。在生意场做生意更离不开社交。因为，只有社交关系通了、硬了，做事才会更加顺利，赚钱也会容易许多。

很多人做生意失败，就是败在了社交上，要么是无效社交，要么是负面社交，没有充分利用自己身边的社交关系。这就是不具备做生意的社交思维。

这里的社交思维与普通大众日常的社交是有所区别的，社交的目的很明确，就是实现商业目的和商业价值。在互联网时代，做生意就是要用心经营和认真谋划，用社交思维与目标用户相处。

那么领导者该如何掌握社交思维呢？

1. 组建社群

做生意，首先要学会将兴趣、爱好、价值观相同的人聚集起来，从而组建一个具有社交关系链的社群。

早期的社群主要是以自娱自乐为主的兴趣社群,并没有明显的商业关联。如今,人们越来越关注社群中所蕴含的潜在商业价值。因此,社群经济被认定为一种全新的基于社交的经济模式走进了商业领域。组建社群的目的就是先社交后商业,先建立关系后成交。简言之,就是在交易之前依靠人与人之间的社交与联结收获用户。

组建社群后,社群成员除了是消费者,还是产品宣传者,能起到免费宣传产品的作用,为品牌带来更多的用户和流量。

那么究竟如何组建社群呢?

(1)定主题

在建立社群之前,首先要做好社群主题定位。可以根据相同兴趣爱好、对产品的需求、行业中相同的价值观等定位社群主题。

(2)建账号

可以借助社交平台,如微信、QQ等平台,创建社交账号。这里以微信为例。

①创建昵称和头像。创建微信昵称要朗朗上口才容易被人记住。要尽可能使用真实的本人头像,能增强人们的信任度。

②设计背景和个性签名。微信就像一张名片,也需要精心包装。在设置背景时要选择与主题内容相关的图片作为背景图片。设置个性签名主要是为了展示自我个性,表达内在心声。一个恰当的个性签名,除了要贴合主题,还应当使用户产生情感共鸣,使其"路转粉",使你的社交价值得以

提升。

（3）养号

在创建微信账号之后，接下来就是精心做好养号工作。养号必做的就是打造你的朋友圈。朋友圈是一个很好的进行个人展示的地方。朋友圈发得好，可以提升用户的信任度。

如何养号？

①明确用户是谁。明确用户是谁，就要从其性别、年龄层次、兴趣爱好等方面去思考。

②明确用户的痛点是什么。用户痛点就是我们每天发朋友圈的内容方向。可以通过与本行业有关的各种论坛、微博、商品评价等渠道去搜索和挖掘。

③创建朋友圈内容。要根据用户痛点创建内容，而且要将产品融入其中，以更好地展现产品能够解决用户痛点为目标，以此达到吸引用户的目的。

④锁定发布时间和频率。发朋友圈也讲究时间和频率。要在每天固定的时间段和频次。在时间方面，要在每天人们工作之余发布；在频率方面，要适度，每天不超过5条朋友圈即可。既有了曝光度，又不会让用户反感。

（4）找成员

做好前期工作之后，接下来就是寻找组建社群的成员。

①将以往购买产品的用户作为社群的第一批成员。可以在为顾客寄送产品时，随着产品附上一张写明"添加好友送小礼物"的小卡片，以吸引

用户添加好友。

②可以在论坛、微博等平台上通过与用户互动,挖掘可能与产品有关的用户,将其作为社群成员。可以在与其他用户互动的时候,发表一些更加专业化、实用性的内容分享,以此吸引用户关注你。并及时附上微信账号,便于那些与你兴趣、爱好、价值观等相同的人添加微信好友。

(5)建社群

在通过微信运营一段时间之后,就可以创建社群。首先要建立一个微信群,然后将受众导流到微信群中。

(6)定结构

社群也要有结构性。简单来说,就是要有群成员和群领导者。

社群不能缺失意见领袖(KOL)。KOL往往在某一领域掌握了足够丰富的知识,有十分专业的见地,在人群中具有很强的话语权。在KOL的引导下,让整个社群的话题讨论朝着企业希望的方向发展。

2.分享和互动

在整个社群成型之后,接下来就进入真正的社交环节。

(1)分享

分享并不是随意、随性分享,而是在社群中借助KOL的力量,将产品的知识、用户痛点及解决方案等分享给成员。这些对社群成员来说有价值、实用性强,是社群成员喜欢和乐于接受的内容。分享的目的是聚集流量,实现社交关系资源的整合。分享有价值的内容能够产生"一石激起千层浪"的效果,为你带来意想不到的流量。

（2）互动

人与人之间的交往离不开互动。互动是建立信任关系的开始，没有信任就没有买卖，更没有好的销量。只在社群中无休止地发广告，而从不发言和互动，会让人厌恶和反感，容易造成社群成员的流失。所以，流量的维护同样需要运用社交思维，关键在于互动。

如何互动呢？

可以在社群中发起有关产品、品牌的话题，引导大家讨论，发起话题互动。而且要保证提出的话题能够迎合成员喜好和兴趣。这样的话题，一方面能借助互动穿针引线，使成员更多地了解品牌和产品；另一方面，通过成员喜欢的互动内容可以有效激起其内心的涟漪。

在互动中"润物细无声"地融入产品、品牌宣传内容，才能真正将产品和品牌内容根植于社群成员的脑海中，进而引发其产生交易行为。

互联网时代，用户需要社交思维的引导，只有基于社交的分享和互动，才能将用户的信任转移到品牌和产品上，进而产生流量和交易。

四、跨界思维：突破瓶颈，提升竞争力

互联网时代，做生意最大的特点就是"商业无边界"。企业要想在互联网时代做得风生水起，领导者还需要具备跨界思维。

什么是"跨界思维"？跨界思维，就是将两个或两个以上毫不相干的行业，以一种特殊的方式结合在一起，在与不同行业的企业合作、融合下，产生一种新颖的、"1+1>2"的商业盈利模式。

市场中唯一不变的法则就是"变"。无论什么行业，竞争对手是强是弱，只有以发展的眼光、变化的思维去看待和应对市场竞争，以变应变，才能在市场竞争中取胜。尤其在多（信息量多）、快（信息传播速度快）、好（快速满足所需）、省（省时、省力、省财、省心）的互联网时代，不管曾经多么辉煌，如果还坚持单枪匹马、固守原有逻辑和模式，都将在互联网时代落后于人。你的跨界力越强，你的竞争力就越强。

1. 跨界方式

如何运用跨界思维做生意呢？实现跨界的重要方式有两种：

（1）合作

将不同行业品牌价值实现最大化，合作是一种非常有效的方法。跨界合作，就使得品牌双方都有了足够的曝光度，对于任何一方都是好事，远比自己单打独斗强得多。

三枪内衣可以说是典型的国货品牌，为了打破在消费者心中陈旧的品牌形象，其选择与代表年轻、流行的品牌进行跨界合作。

三枪内衣联合网易云音乐合作，推出了跨界"乐"系列内衣产品。三枪内衣将网易云音乐的音乐元素，如"单曲循环""播放""红心"等常见图标元素印在内衣和袜子上，连产品包装也不放过。

为了配合商品上线，网易云音乐还专门为三枪内衣设计了复古广告片和原创歌曲，将人们带回旧时光，唤醒老一辈消费者的记忆，吸引众多年轻消费者的关注，达到有效提升销量的目的。

（2）共享

共享也是实现跨界的一种有效方式。互联网时代，资源、技术、设备、人力、服务、知识都可以通过互联网平台实现共享，从而形成共享经济的全面创新。基于此，异业跨界可以通过共享的方式实现。

京东与京东方科技集团股份有限公司（以下简称"京东方"）就是跨界共享的典范。众所周知，京东是一家电商平台。京东方是一家为信息交互和人类健康提供智慧端口产品和专业服务的物联网公司。

京东是用户直连制造（C2M）模式的践行者，京东方拥有领先的半导体显示技术。京东与京东方各自发挥技术和市场的核心优势，开启跨界共享模式，打通双方在"市场洞察—用户研究—产品研发—销售转化—创意营销—用户反馈"全链路产业方面的生态效应，最终使更多符合消费者需求的显示面板形成整机产品，然后面向市场销售。双方此次跨界是一次技术共享的创新探索，不仅能为消费者提供更加优质的终端产品和服务，还能进一步开拓多元化细分市场。除此以外，京东方旗舰店入驻京东，打造了首个线上沉浸式技术体验馆，用户在这个旗舰店里可以了解行业最新、最先进的显示技术，更能体验到零距离感知技术的魅力。如此极具科技感的体验为京东带来了大批流量。

"双京"跨界技术共享，推动了双方优势的融合，推动了生态创新，提高了技术研发效率,带动了生态链跨界共享伙伴的共同受益。

2. 跨界要点

企业跨界发展中,并不是随便选一个行业就可以跨界,而是要有所选择。很多企业跨界没有达到"1+1>2"的效果,主要是因为没掌握以下两个要点。

(1)所选跨界企业要与自己契合

跨界是为了双方或多方能够发挥自身优势,使所产生的商业价值达到最大化。所选跨界企业与自己契合是关键。如果跨界企业之间没有任何相关联的点,那么跨界难做,强行跨界也只是浪费时间、精力、资金。

(2)跨界要出其不意

跨界,要么不做,要么就出其不意。跨界产生让用户意想不到的新鲜感,才能在市场中迸发强烈的火花,发挥最大的市场效应。

跨界思维说到底就是一种营销思维。做任何生意,不懂跨界,就没有未来。

五、直播思维:无直播不传播

互联网的崛起带来了营销模式的多元化,也使传统的营销阵地转移到了网上,谁能率先掌握更多互联网时代的营销渠道,谁就能率先占领更多、更大的市场。当下，直播成为互联网时代新的商业风口。

以往，在人们看来，直播是一种娱乐消遣方式，人们看直播的目的就是放松身心。

如今，直播平台上聚集了大量流量，再加上平台对内容有所规范和把控，直播有更多的功能被开发出来，由此带来巨大商机。

直播的火爆，吸引越来越多的个人和企业加入，通过直播宣传和带货，成为时下品牌营销的标配。直播思维也成为当下必备的思维模式。这是为什么？

首先，直播是一种新的引流和流量转化方式，将传统电商单一的商品展示方式向多元化、立体化方向拓展，即便消费者不到场，依然可以全方位了解产品和品牌。直播是一种对传统电商产品和品牌宣传与销售方式的开拓和创新。

其次，对于品牌方来讲，并不需要走到一线营销中，通过与消费者的聊天、游戏等互动方式就能更好地了解人们的消费诉求，并根据直播用户的反馈对产品进行调整和优化，以此化解产销不对路的困扰。

再次，相较以往高成本的资本运作方式，直播衍生出来的新功能和新服务能为品牌更好地赋能，使品牌走得更加长远。

最后，企业领导者可以直接参与直播，与用户进行面对面沟通，据此做出更加正确的决策。而且省了一大笔广告费，却达到了树立企业良好形象的目的。

由此可见，直播思维并不是简单意义上实现流量激活和转化的思维，而是一种互联网时代企业实现可持续发展的全新逻辑方式。

认清现状才能顺势而为。身在互联网时代，每个企业都要有直播思维。要敢于尝试新技术，敢于走到镜头下，敢于快速抓住产品、品牌传播新渠道。无直播，不传播。

那么企业如何通过直播获得更好的发展呢？

1. 定平台

直播的出现改变了品牌传播和购物模式，"云逛街"成为一种主流消费模式，同时升级了商业经营模式。在开始直播之前，企业要先选适合自己的直播平台。当前，电商直播市场中有淘宝、抖音、快手、拼多多等平台，在用户、引流、变现特点等方面各有千秋。选择适合自己的直播阵地才能获得高效的直播推广效果。

（1）淘宝

淘宝本身是一个电商平台，商品覆盖面广，囊括服装、日用、食品、电器、家具等品类。在淘宝上做直播，特点是"强电商、弱文娱"，更加适合没有时间和精力揣摩文娱的生意人。淘宝直播的主播通常是店主本人、品牌商家招募的媒体机构或KOL、淘宝平台达人等。

（2）抖音

抖音平台上商品品类丰富，用户偏好居家日用、服装等品类，用户在选择上偏年轻化和流行化。在直播风格上兼具娱乐性，在带货方面呈现出风格化特点，主播会将自己擅长的内容和人设搬到直播间，在与用户互动的过程中完成品牌宣传和流量转化。抖音主播通常是网红达人、品牌方招募的媒体机构或 KOL，有时候品牌方老板也会亲临直播间为直播间增加人气和销量。

（3）快手

快手平台上商品品类偏向居家日常，如食品、面部护理、服饰等，用户对价格比较敏感。快手的直播风格兼具娱乐性，直播之前要借助有关产品、品牌的价值短视频内容为直播引流和预热。直播带货主要依靠"信任＋优惠"达到促使用户购买的目的。快手主播通常是网红、达人、品牌方招募的媒体机构或 KOL，品牌方老板有时也会亲临直播间。

（4）拼多多

拼多多也是一个电商平台，拼多多平台的商品覆盖面同样非常广泛，涉及的产品十分全面，用户对价格极其敏感。在拼多多平台上做直播，具有"强电商、弱文娱"的特点，直播主要通过产品详情页进入，对产品进行详细讲解。通常直播带货形式可以是主播出境、录播，或者虚拟主播直播。如果企业有足够多的资金和人员，可以聘请专业达人或培养员工做主播；如果想低成本做直播带货，就可以选择录播或虚拟主播做直播。

2. 定账号

做直播，首先要创建直播账号。无论是个人账号还是企业账号，都要通过主页的账号名、头像图片、封面图片、个人资料的设置，让受众更好地了解你是干什么的。

3. 定人设

定人设，其实是定主播的人设。主播是直播的灵魂，既可以是外聘主播,如网红主播、专业达人,也可以是内部员工主播。主播的人设需要从个人兴趣爱好、从业经验、擅长领域、职业等方面去设定。打造人设的目的就是在受众面前设定一个鲜明立体的人物形象,让受众感觉你与众不同,在受众脑海中留下深刻印象,让受众每天都急切地想见到你。

4. 定产品

做直播带货,关键的一点就是产品定位。只有明确你销售的产品方向是什么,是不是消费者需要的产品,是否受到消费者的重视和喜爱,你的产品才是真正的好产品,才更具市场竞争力。好的产品定位是赢得市场的关键。

5. 定用户

用户即流量,流量即销量。定用户,就是要明确你的用户群体,是年轻用户还是年长用户?是女性用户还是男性用户?明确你的目标用户,才能实现精准营销,达到引流变现最大化的目的。

6. 定内容

现代社会,产品同质化越来越严重,真正能够让消费者为产品埋单的,已经不再是产品品质和价格,更多的是能让他们心灵和情感上为之一振的东西。这一点,只有那些有情感、有趣味、有价值的内容才能做到。企业可以根据自己的喜好或擅长的领域选择直播内容的方向,是搞笑的还是抒情的,是价值性内容还是实用性内容等。内容方向定得越好,吸粉引流能力越强。

7. 定场景

很多人直播带货,只专注于"货",而忽略了"场"的重要性。直播带货主要以商品功能演示为主，主播要想吸引更多用户关注，只讲产品功能是不够的，还要有场景的植入。好的场景才能激发用户的购买热情。做直播，可以选择室内直播、户外直播，具体还需要根据产品特点来定位直播场景。

销售果蔬类农产品，可以将农田或果园作为原生态直播场景，也能以农田或果园图片为直播间背景，或者在大屏幕上滚动播放。这样的直播场景布置可将受众带入田间地头，使受众更为直观地看到产品源头。一方面，向用户证明产品品质有保证，用户能放心购买；另一方面，主播直接从产品原产地销售，没有中间商，以更加实惠的价格销售，使用户不再为价比三家而纠结和犹豫。

在互联网时代，用传统思维做生意这条路走得很艰难。在直播营销的风口期学会顺势而为，学会运用直播思维做生意，掌握"边看边买"的生意经，可以有效助力企业赢得更强的市场竞争力，分得更大的蛋糕。

六、大数据思维：助力实现精准营销

在互联网时代，一切皆可互联，一切皆可数据化，做生意没有大数据思维已经行不通了。

比如做外卖平台，后台会通过一套软件和追踪系统，大量采集外卖配送过程中的数据，包括什么人在哪家饭店定了什么菜，经过了哪条线路、外卖实时配送情况是什么……这些都是数据分析的结果。有了大数据，就能知道哪家饭店的外卖比较受欢迎，哪条线路更加高效和省时等。平台通过数据分析，掌握每一位用户的订餐喜好、订餐时间等，从而为用户提供更加精准的推送信息，实现精准营销。

以往，判断一个企业实力的关键在于其规模和资本。在互联网时代，除了规模和资本，运用大数据的能力也是企业实力的一个重要方面。掌握丰富翔实的数据，用大数据思维做生意，是企业赢取未来的利器。

1. 认识大数据

什么是大数据？大数据就是资料规模巨大的数据。理解大数据，还需要从了解其特点开始。

大数据有以下五个特点：

（1）大量

大数据具有海量的数据，在获取、存储、管理、分析等方面远超出传统数据库软件的能力范围。

（2）高速

大数据的传播速度极快，可以实现快速的数据流转。

（3）多样

大数据的形式有很多，可以以音频、视频、图片、网络日志、地理位置信息、购物记录、搜索记录等非结构化数据形式存在。

（4）高价值

通过合理利用数据，能够准确地做出数据分析，帮助企业更好地做出科学、合理的决策，实现以低成本创造高价值。

大数据思维就是将采集的经验、现象数据化、规律化，从而更好地把握市场动态，抓住市场先机，达到精准营销、快速占领市场目的的思维。

2. 大数据思维应用

做生意，人（目标消费者）与货（产品）相匹配，才能获得意想不到的营销效果。大数据思维的应用，就是解决人货精准匹配的问题，实现精准营销。

（1）借助大数据为用户画像

数据最具话语权。大数据本质就是一种会说话的技术。企业可以通过日常抓取用户的搜索行为、浏览行为、点击行为等，将用户行为数据化，从数据中，能够更好地了解用户，知道用户喜好、消费习惯、消费能力、生活习惯等，进而根据用户的这些消费特点，给用户画像。这就是用户画像。这就好比画家做人像绘画一样，细节描述越精准，人像绘画越生动。用户画像数据也应当力求做到细致化、全面化、精准化，这样用数据描绘出来的用户画像会更加立体与精准。

（2）针对不同的客户群体制定相应的营销策略

在拥有详细的用户画像之后，就可以根据用户画像模型将具备相同特征的用户进行分类。按照不同用户的特征，如标签、需求、爱好，筛选出符合产品的有效用户，针对用户群的特点确定广告投放的主题。

传统的盲目投放广告方式很容易出现偏差。针对用户群特点做点对点精准广告投放，完全是根据数据得出来的用户具体需求进行精准投放的。这样的投放能让用户觉得你比他们更了解自己，这样的广告命中率更高，营销效果更好。

（3）做好数据监测

广告投放出去并不意味着万事大吉。企业还需要对广告投放后的各种数据进行实时监测，包括曝光量、点击量等。这样可以及时优化广告，并调整广告投放策略，从而更好地提升广告投放效果。

大数据思维为广告精准投放提供了全新的实现可能和有效的传播策略，使企业广告能够在对的时间投放给对的人，帮助企业花少量的成本，获取巨大的收益。因此，在互联网时代，企业一定要具备大数据思维，懂得运用大数据思维为企业发展创造价值。

第二篇　模式篇

第五章　创新零售模式：实现人货场的重构

互联网的发展带动了电子商务的发展，使传统零售模式和电子商务零售市场的争夺战变得日趋激烈。要想突破界限并相互融合，就需要对已有零售商业模式进行创新，实现人货场的重构。

一、社群团购模式：基于半熟社交关系进行社群卖货

近几年，社群团购兴起，并在市场中流行。

什么是"社群团购"？社群团购就是借助微信将微信好友拉入微信群，每一个群都有一个团长，会将那些有相同兴趣、爱好的人邀约入群聚集在一起。当大家对某件商品有相同需求时，团长就负责在群里分享产品。在群成员下单后，由团购平台统一发货，直接配送到群成员手中。

社群团购模式下，购买的人越多，价格越划算，而且少了零售商赚差价，商品更加优惠。对于团长来说，不但可以低价购买产品，还可以得到丰厚的奖励分润，也不用囤货、付租金；对于商家来说，实现了薄利多销。可以说，社群团购模式是一种实现了三方共赢的持续发展商业模式。

总结一下，社群团购之所以能够成功，关键在于：

①基于人与人之间的半熟社交关系。

②社群成员之间有相同爱好，有共同喜欢的产品。

③社群成员有好东西能够不吝分享。

④采用预购模式，统一由供应链平台直接发货，消费者拿到的是一手货源。

那么社群团购模式如何操作呢？

1. 建立平台

大多数社群团购，是依托微信小程序和App来实现的。商家可以打造属于自己的微信小程序和App，然后给平台起一个名称，设计一个符合品牌调性的标志及店铺风格。商家根据现有的私域流量资源和市场调研结果，确定平台定位方向和目标群体。平台定位差异化是社群团购取胜的关键。

2. 建设供应链

卖货首先要有供应链。如果是自产自销，自然有完备的供应链；如果是作为经销商卖货，就要建设供应链。

建设供应链需要有良好的供应链资源，而且要设计产品把控、商业价格谈判、样品审核等多道程序。每道程序都需要专人对接，消耗的人力、时间、资金成本较高。绝大多数商家会直接寻找外包公司来构建完善供应链，这样可以节省大量时间成本。毕竟，在如今竞争日益激烈的时代，时间就是金钱。

3. 团长招募或员工培训

社群团购中，团长是必备要素。要么直接从外部招募合适的人做团长，如 KOL 等，要么直接对内部的员工进行培训，让其担任团长的角色。

4. 建社群

社群是团长与潜在客户建立良好关系、赢得信任的关键，也是实现社群团购的主战场。创建社群是整个环节的重中之重。关于如何组建社群，前文已有详述，此处不再赘述。

5. 运营管理

组建社群后，作为团长，还需要做好社群的运营管理工作，这直接关系平台的生存能力。具体来讲，就是要对社群成员进行规范化管理，并对其进行人文关怀，在社群内分享大家感兴趣的、有价值、有实用性的内容，以增强社群成员的活跃度和忠诚度，保证社群长存的同时，最终达到提升平台盈利的目的。

6. 商品分享

在社群中发起一些与产品有关的话题，在戳中大家痛点的同时，分享使用产品能够解决痛点的方案，激起大家的购买积极性，并顺势分享产品购买链接。至此，社群团购的实现水到渠成。

随着通信技术越来越发达，再加上智能手机不断普及，一部智能手机就能轻松完成社群团购。而且这种方式低价便捷，十分符合下沉市场消费群体的消费需求。再加上下沉市场消费者对社交的需求同样旺盛，基于下沉市场的巨大红利空间，目前社群团购的市场前景依然十分广阔。

二、社区团购模式：基于小区居民关系而形成的团购模式

在互联网时代，社区团购已经成为一种主流新零售模式。尤其居民减少出门的情况下，社区团购模式变得更加火爆。

什么是"社区团购"？社区团购，又称为社区拼团、社区新零售。在模式上与社群团购有些类似，同样是以微信小程序为载体，整合多个社区团长社群资源，形成由商家集中化管理运营的"预售+团购"的社区商业模式。不同的是，社区团购是以小区为单位，消费者是小区居民。团长则是小区的居民、志愿者等，这类人往往路子广，有时间，有稳定的供货商，能洞察居民的需求，做得了统计、算得了账，搞得定物流，具有一定的指挥能力、把控能力和沟通能力。

社区团购如何操作呢？

1. 选择平台，创建账号

想要做社区团购，首先要选择一个合适的社区团购平台。比如拼多多旗下的"快团团"小程序。快团团无须注册，可以直接开团使用。

2. 建立微信团购群

团长建立微信团购群，可以先将自己认识的人拉入群中，然后通过裂变的方式将小区居民聚集到团购群。

3. 进行群维护

团购群建立完毕,还需要留住群成员。这就需要团长做好团购群的维护工作,在成员入群后,团长第一时间告知成员进入这个群可以获得什么样的便利,能够享受什么样的优惠等。此外,团长平时还要多和群里成员聊天互动,在和大家沟通的过程中,洞察群成员需求。

4. 团长发起团购并发货

团长在与商家进行资源对接之后,商家可以上线商品团购页面,由团长发起团购,消费者在线下单并付款。达到一定团购人数条件之后,商家配送至社区门口,团长通知消费者取货。

5. 做售后处理

社区团购过程中难免会有售后问题,团长将售后问题收集起来,与商家共同解决。

做社区团购的门槛低,只要有稳定的供货渠道,做好沟通和运营,能形成高效的配送体系,就可以操作。但需注意两点:

第一,一定要确保菜品新鲜,品质过硬,否则只能做一锤子买卖。

第二,要把控好开团时间。每天要在固定时间分享产品,开团。比如,每天 8:00 上新,12:00 上爆款商品,23:00 停止接单。这样,会让消费者形成在固定时间关注群消息的习惯,也避免了消费者因群消息过分打扰而退群的可能。

三、团购代收模式：基于周边居民的"预定+自提"模式

团购商业模式中，除了前面两种，还有一种就是拼多多旗下的多多买菜模式。

这种模式采取的是"线上下单＋线下自提"的半预约模式。消费者每天在23:00前下单，拼多多平台则收集订单，根据订单情况分类整理采购需求。然后平台与当地的果蔬批发商等供货商合作，将需求提交给供货商，由供货商提供商品，做好简易包装，并集中配送到拼多多的配送库中。最后，平台根据订单上的不同配送区域将商品分拣出来，交由专业人员将商品配送到各个自提点。消费者可以在次日16:00前到附近的自提点取回商品。在购买、收货过程中遇到问题，用户可通过自提点团长解决。由于这种团购模式需要由自提点代收，笔者在这里将这种模式称为"团购代收"模式。

在整个团购过程中，因为用户可以直接在多多买菜平台下单，并选择就近的自提点取货，多多买菜的团长角色被弱化。自提点可以是小区周边的快递代收点、社区便利店、社区物业、商户等。尤其要说明的是，快递代收点、社区便利店、商户也做生意，其与多多买菜平台是合作关系，从中赚取一定的佣金，同时可以顺便为自己的店铺带来一定的流量和销量。

对于消费者而言，第一天在线上下单，第二天下午下班后可以顺路在自提点取货，不耽误做晚饭，也是一种十分省时、便利、便捷的购物方式。

这种团购代收模式的成功之处在于：

1. 流量优势

这种团购模式最主要的特点就是流量优势。一方面，与前两种团购模式一样抓住了社区流量；另一方面，背靠拼多多、美团这样的流量大树，拥有雄厚的流量基础。

2. 去团长化

这种团购模式下，团长只负责代收，不参加其他团购工作，因此对于这种模式来讲，减少了"中间商"，平台方只需支付代收点一定的佣金即可，省去了一大部分成本。

3. 供应链优势

拼多多、美团这样的平台，已经在经营多年之后拥有了雄厚的资本，因此在寻求稳定的供应链合作方面，比前两种团购模式更具优势。

如果说前两种团购模式适合个人运营，那么团购代收模式则更加适合具有一定资金优势、流量优势的平台经营。

四、低价拼团模式：有低价空间的团购式消费模式

拼多多在团购模式上确实做得十分成功，探索出了多种玩法。低价拼团模式是拼多多的主要商业模式之一。

低价拼团模式怎么玩？拼多多用户在购买心仪的商品时，在商品购买页面如果不拼单，选择"单独购买"，则需要支付较多的金额；如果选择"发起拼单"，就只需支付低于"单独购买"的金额。通常，商家会设定拼单人数，最少两人即可成团。发起拼团的人可以坐等其他消费者进店与自己拼单，也可以将发起的拼单活动链接分享给身边的亲人、朋友、同事等，如果他们有相同的需求，参与拼单，则拼团成功。成团后，商家发货，消费者收货。这就是拼多多低价拼团模式的玩法。

这种低价团购模式的优势在于：

1. 低价吸引消费者积极参与

通常，消费者购物，除了货比三家，还在乎商品的价格。低价拼团模式就是抓住了人们的这一心理，让消费者获得了更大的低价空间。而这正是拼多多低价拼团模式的成功之处。

2. 每个消费者都是受益者

熟人之间拼团，除了大家都能便宜买到商品，还可以借助社交平台相互推荐。这样，大家社交的过程就是口口相传的过程，用户之间在社交过程中就能相互帮忙收获自己想要的商品。在这个过程中，每一个参与拼团的消费者都是受益者。

3. 商家销量大幅提升

这种低价拼团模式有效地激发了用户主动分享链接的积极性。用户每发起一次拼团，就为商户拉来新人。拼单的过程中，用户为了实现低价购买，主动成为商家的宣传者，帮助商家做免费推广。这也是商家低成本获客、实现薄利多销，大幅提升销量的原因。

4. 拼多多平台赢得更多红利

拼多多这种商业模式无论商户还是消费者都得到了真正的实惠，因此吸引了更多商户入驻和更多用户前来消费，为平台注入更多流量，自此形成良性循环，使拼多多赚得盆满钵满。

基于此，低价团购模式实现了三方共赢。这种模式下，商品价格下降并不是消费降级，而是通过低价来挖掘更多流量。在当前这个流量获取越来越难的时代，抓住用户心理，给用户真正的实惠，才是流量增长难题的有效破解之策。抢占更多流量，盈利增长才能细水长流。

五、短视频直播带货模式：高效实现引流和变现

近几年，随着5G网络和5G智能设备的不断完善，可以预见的是，短视频、直播行业的发展迎来新一波增长点。短视频和直播带货成为一种全新的高效引流和变现商业模式，在商界流行开来。

1. 短视频带货

短视频带货，就是利用短视频来推广品牌产品。这种营销模式与传统营销模式相比，传播速度要快很多，而且省去了大量人力、物力的成本投入。最重要的一点是，短视频平台借助系统推荐机制，会根据用户的喜好精准推送短视频内容。对于商家来讲，将短视频精准推送给感兴趣的用户，

就可以实现精准营销。

短视频带货的具体玩法有以下四种：

（1）直接展示产品

直接展示产品是最常用的短视频带货方式。这种方式单刀直入，目的很明确，就是向受众介绍自己的产品，包括全方位展示产品外观、使用方法、使用效果等。展示过程中，要重点突出产品卖点，以此吸引受众目光。

（2）情景内容植入产品

情景内容植入产品，就是设定一个故事情节，随着故事情节的不断推进，在恰当的时机推出产品。这种方法在植入产品的时候能达到润物细无声的效果，在一种很和谐的气氛下，使产品在受众面前曝光，而受众也在不知不觉中接受了产品。

（3）构建与产品吻合的场景

不同的产品，其匹配的场景也有所不同。如何理解这一点？比如，一些农副产品，必定与田园场景有关联；一些传统食物，往往与一定的历史环境有关等。那么，可以据此构建与产品相吻合的拍摄场景。这种带货技巧一旦成功，带货效果会非常好。

小李的短视频创作风格是一种治愈系的田园风。她通过短视频向观众呈现的是一个"90后"姑娘每天的生活状态：日出而作，日落而息。

三月桃花熟了，采来桃花酿成桃花酒；四月枇杷熟了，将摘下的枇杷酿成枇杷酒；五月樱桃成熟，用樱桃酿成樱桃酒、煨成樱桃酱、烘成樱桃干、调成樱桃青柠饮；到了七月乞巧节，用紫薯做成乞巧饼；八月中秋节来临，做苏式鲜肉月饼；九月酿成桂花酒；十月红彤彤的柿子挂满墙；入冬时节便腌起了腊肉、香肠和鱼鲞……小李总能应四季而食。她不仅将所有的美好都倾注于食物中，还绞尽脑汁去创造美好。

受众在对小李的这种田园生活充满憧憬和向往的同时，也认识了小李短视频中的手工打造产品，爱上了这些产品，纷纷在评论区询问这些产品是否销售，在哪里能买到。显然，这种方式取得了很好的营销效果。

（4）邀请网红、KOL带货

网红和KOL在短视频中有非常明显的优势，他们自带流量，邀请他们录制短视频为品牌带货，也是一种重要的带货方式，其变现效果非常显著。

2. 直播带货

直播带货的最大特点就是，直播带货虽然在线上进行，但直播场景下，主播向受众实时介绍产品，并能拉近镜头，近距离展示产品细节。同时，还对受众在公屏上提出的评价和问题进行实时反馈和解答。这种场景就像消费者在线下实体店购物时导购向顾客推荐和介绍产品一般，带来真实的购物体验。正是这种身临其境的真实感，让商家很好地提升了流量和成交量。

直播带货怎么操作？

（1）主播

直播带货少不了主播。主播是联结消费者和产品的桥梁。通常，主播可以是老板自己，也可以是员工，还可以是邀请的网红、KOL、明星等。

（2）引流技巧

做直播带货，要有流量才有销量。直播带货引流技巧如下：

①投放短视频引流。投放短视频引流，即借助平台算法将植入低价引流产品的短视频精准推送给初始用户，视频一旦爆火，就会直接把流量引到直播间。

②直播带货预告引流。直播带货预告引流，就是在本次直播过程中，预告下次开播时间、开播福利等，以此吸引流量。

③直播内容引流。直播内容引流，即用直播内容吸引用户停留，并让用户成为自己的粉丝。

（3）带货套路

直播带货所面向的用户群体不断扩大，以前从不上网消费的老年群体也成为直播间的消费者。想要借助直播带货赢得红利，需要掌握一套精准打法。

①打造人设。直播带货的目的就是把产品销售出去，主播在其中发挥着重要作用。打造主播人设是直播带货的前提。主播可以根据销售的产品来塑造自己的人设。比如，如果销售的是美妆产品，主播就可以将自己的人设定位为美妆达人。

②建立信任。采用直播带货方式，消费者看不见、摸不着产品，就会产生一定的顾虑。因此与消费者建立信任非常重要。人们购买产品，首先是因为对主播这个人的信任和认可。主播可以通过有价值、实用性的内容

输出，帮助受众实实在在解决问题和痛点，当受众的问题真正得以解决后，就会发自内心地对你产生信任。

比如，美妆产品的主播可以在直播间向受众输出实用性化妆技巧，受众能通过你的妆前与妆后对比认可你精湛的化妆技巧，自然对你输出的美妆方案和你推荐的美妆产品信任有加。

③严控品质。说到底，消费者最终还是为产品埋单，产品品质才是硬实力。如果直播间销售的产品质量差，你之前建立的信任关系再牢固，终究会因此而瞬间崩塌。想要做好直播带货，必须把控好产品品质。

④价格定位。直播带货本身传播效率高，减少了中间商，具有成本优势。因此，在同类产品品质相差无几的情况下，价格是最大的竞争优势。在保证成本可控的情况下，适当降低价格，做好价格定位，反而能薄利多销，赚得更多利润。

短视频直播带货模式目前仍处于风口，其引流能力和变现能力显而易见。如果掌握了直播带货的方法和技巧，能够灵活应用，品牌必定大有可为。

六、无人零售模式：实现零售全自动化购物体验

在全民消费升级的大背景下，消费者的需求不断提升，更加注重追求生活品质，其消费观念也转向便捷化、智能化。为了更好地迎合人们的消费需求，全新的"无人零售模式"顺势而生。

什么是无人零售模式？无人零售模式与传统线下店铺有人零售相对而言，是基于线下零售店铺及消费场景，将线下选购与结算和人工智能、大数据、互联网、云计算等前沿技术融合在一起的新零售形态。

无人零售模式可分为无人零售 1.0 和无人零售 2.0 两种。

1. 无人零售 1.0：无人便利店模式

早期出现的无人零售模式，通常是有实体店铺的便利店。不仅可以为消费者提供个性化、高品质的货物和服务，让消费者进入店内自助选品与结账，还可以让消费者亲身体验人工智能、物联网、云计算等技术带来的科技感。

在天猫打造的线下无人超市，消费者进入店内，可以通过人脸识别登录绑定的淘宝购物账号，在门店挑选商品过程中，可以借助卖场的互动云屏、扫码等方式刷脸即可完成商品加购。在结算时，用户无须打开手机淘宝或者支付宝，直接通过刷脸的方式就能快速完成付款。天猫线下无人超市融入先进的人脸识别技术，对于广大消费者来说，既产生一种新奇感，又省时省事，得到极佳的便利体验。

显然，无人便利店零售模式下创建的智慧场景，通过互联网技术对传统场景进行改造升级，提高消费场景的智能化水平，使新型的智慧场景更具渲染力。这能从心理层面打动消费者，让消费者内心产生认同感，获得更加优质的产品和服务体验。

但无人便利店零售模式也有两个明显的弱点：

第一，实体门店租赁费用过高，大幅增加了经营成本。

第二，消费者购物需要走出去，找到有无人便利店的地方才能自助购物和消费。对消费者便捷化消费需求和心理没有从真正意义上进行深入洞察。

2. 无人零售2.0：智慧货柜模式

如果说无人便利店模式是无人零售的1.0时代，那么智慧货柜则使得无人零售进入了2.0时代。

智能货柜的出现，是对无人便利店模式的一种升级。智能货柜是在借助人工智能、物联网、大数据、云计算的基础上，使用了生物识别技术进行身份认证、信用支付、物联网技术的新型售货机型。智能货柜直接进入社区、写字楼等场所，便于为消费者带来更加便捷的购物体验。

无人零售的智能货柜模式，是以人工智能、物联网、大数据、云计算等技术为基础，实现自动汇总、更新货物，以及识别自动拿取货物、自主购买及结算。消费者通过扫智能货柜上的二维码，即可实现自助选购和结算，系统自动开柜后即可取走货品。

拾客优鲜采用的就是典型的智能货柜无人零售商业模式。拾客优鲜以"健康、美味、便捷、实惠"的理念，迎合当下消费者追求高品质与便利生活的需求，推出小龙虾、佛跳墙、烤鱼、捞汁小海鲜等上百种精致的预制美食。消费者在社区内的智能终端设备处扫码后，选购自己喜欢的菜品并支付，即可拿到菜品。回家后，只需简单加热即可享用由高科技锁鲜、冷链物流直送的美食。

显然，无人零售模式对传统零售的变革能力极强，突破了传统消费场景时间、空间的限制，给人们带来了更加高品质、便捷化、智能化的消费体验，是时下新零售的重要吸金赛道之一，推动了零售产业不断向数字化方向升级。相信未来会有更多优秀的"跑手"在这种模式下涌现。

七、单身经济模式：共情式生意蕴含巨大商机

近年来，随着年轻人婚育观念的转变，单身群体蕴含的商机逐渐增多。从整体上看，那些单身群体的特征主要体现在：

第一，他们不愿意将时间花费在家务上，而是将更多时间用于自己认为更有意义的事情上。

第二，他们更多需要的是情感和精神上的陪伴。

基于此，单身经济模式逐渐盛行。常见的单身经济商业模式有以下两种：

1. 满足单身人群自由支配时间的需求

很多商家为了满足单身人群自由支配时间的需求，便在商业模式上进行创新，用户在平台上下单，商家负责上门净菜、上门送餐及上门做饭、

上门做家政等商业模式异常火爆。不但能够节省自己的时间，还可以提升生活品质，保证生活和饮食健康，因此深受单身人士的青睐。

2. 满足单身群体陪伴需求

单身人群的日常就是一个人吃饭、一个人看电影、一个人逛街、一个人就医……很多时候，很多生活场景中，一个人会感到孤单。此时，他们内心渴望获得别人给予的情感和精神上的陪伴。因此，有很多商家在商业模式上进行全新探索，提供如陪吃饭、陪聊、陪诊、陪购等服务。

在很多人看来，陪诊服务主要面对的应该是老年人。但事实上，很大一部分年轻单身群体成为陪诊的服务对象。一方面，大部分年轻人不经常去医院，对医院流程和科室、医保政策等并不熟悉，陪诊师能够给他们专业的建议和高效的引导就医服务；另一方面，对于身在异乡独自生活的年轻单身群体，生病后需要独自面对，不免会心生孤独之感。陪诊师能给予他们最好的陪伴和情绪安抚，减少他们的孤独感。陪诊服务可以说是一种全新的单身经济商业模式，开拓了资本市场新蓝海。

单身经济带来了全新的消费形态和商业模式，随着单身群体规模的不断扩大，商机将会更加凸显。未来，单身经济商业模式还有更大的潜力和空间等待探索和挖掘。

八、快闪店模式：游击式生意速战速决

传统零售业运营成本不断增加，主要源于两个部分，一是店铺租金成本；二是人力成本。

另外，对于季节性产品来说，其销量会受到季节性消费的影响，在淡季很少有顾客上门。如果将一大部分资金压在店铺租赁上，时间久了，必定会拖垮商家。这类商家必须找到一种全新的商业模式，为自身开源节流。快闪店模式则是他们的绝佳选择。

快闪店与传统的商家久留在同一个地区销售不同，是一种"打一枪换一个地方"的游击式零售方式。商家会根据自己销售产品品类特点，在一个适合的地方设置临时店铺，在较短的时间内推销其产品，抓住季节性消费者，实现快速、高效变现。

这种零售方式是对传统零售模式的创新，商家不用担心没有顾客上门给自己带来巨大的经济损失，而是将临时店铺适时设在任意一个地方。就好比商场内开设的临时专柜、临时品牌促销一样，是一种"限定时间"销售的门店。

快闪店在一个地方经营时间短，如何才能快速吸引消费者，让流量变现呢？

1. 创意视觉体验

快闪店要想在短时间内给人们留下深刻印象，首先要在第一时间吸引消费者眼球。从消费者的视觉体验出发，对店铺进行创意设计。快闪店必须自带惊喜基因，同时融入独具创意的设计主题元素，打破常规、有调性、有特色的店铺设计，能吸引更多顾客进店光顾。

2022年7月21日，护肤品牌科颜氏和百年国民降火饮料王老吉联名打造了一家名为"凉茶铺"快闪店，坐落在"凉茶之都"广州永庆坊内。这家快闪店国潮复古风设计与产品非常契合。在店铺入口处，设置了一个巨型的金盏花喷泉，给人以视觉上的震撼感。无论室内环境还是装潢元素，都非常接近广州茶室的氛围感。让每一个置身其间的人都产生了来到旧时广州凉茶铺的感觉。该快闪店只限时开放11天，其极具国潮复古特色的店铺设计频频引来行人驻足，同时吸引了很多人前来打卡。

2. 极致情感体验

人是有情感的，经常因为外界因素的影响而产生触动，处于轻松而快乐的情境会让人感到开心，处于低沉或压抑的情境会让人情绪消极……快闪店就是抓住人们生活中的快乐与悲伤、感动与愤怒等情绪，为消费者提供一个发泄口，引发消费者情感共鸣，从而引导其产生消费行为的一系列情感价值链。

近年来,"早C晚A"成为美妆界的护肤潮流。"早C晚A"就是早上使用含有维生素C的产品,晚上使用A醇类产品。对于新一代年轻人来讲,他们也有属于自己的"早C晚A",即早上Coffee(咖啡),晚上Alcohol(含酒精饮料)。每天一杯咖啡到深夜特调的微醺,是许多打工人缓解生活和工作疲劳与压力的"解药"。

知名国货品牌珀莱雅洞察当代年轻人的生活状态,在杭州、深圳、宁波、苏州、温州、西安打造了"早C晚A酒咖"快闪店,巧妙地将美妆与美酒、咖啡联系在一起,产生奇妙的化学反应,它告诉每一个年轻人,无论选择什么样的生活方式,喜欢就好。在安慰打工人的同时,也用充满温情的表达走进了用户心里。

珀莱雅打造的"早C晚A酒咖"快闪店,更像是与消费者的一场对话,从情感层面入手占领消费者心智,并进一步引导大众走进店铺。

总之,快闪店模式时效性强,在短期内能适应当时人们所处的情境,因此助力品牌快速提高知名度,吸引更多顾客进店体验和消费,是一种非常不错的商业模式。

九、盲盒模式:精准抓住消费者心理

近几年,盲盒经济非常火爆,很多消费者热衷于购买盲盒。

盲盒就是消费者在不知具体购买产品款式的情况下支付购买，拿到包装盒之后，拆开盲盒才知道产品的款式信息。这种商业模式具有猜测性，使原本无趣的商业模式充满趣味并勾起人们的好奇心，能够给人带来意想不到的惊喜，这就是盲盒吸引消费者的魅力。

随着盲盒产业市场规模的不断扩大，盲盒中的商品种类也越来越丰富，如文具盲盒、美妆盲盒、零食盲盒、手办盲盒、玩具盲盒、餐饮盲盒、家具盲盒、机票盲盒等，而且对象也精准切中了那些喜欢探索和易于接受新事物的年轻消费群体。这是因为：

首先，大多数盲盒都是平价的，价格设定降低了购买门槛，虽然平价却有获得高价商品的机会，很好地刺激了消费者的消费欲望，满足了消费者的好奇心和逐利心理。

其次，年轻人需要更好的方式去释放工作和生活压力。盲盒这种充满趣味性的消费模式对于年轻人来说，是一种很好的解压方式。

最后，当前的年轻消费群体更加注重消费体验感。新零售模式自带"极致用户体验"属性，盲盒这种基于用户体验的销售模式受到市场追捧，恰好诠释了什么是追求极致的消费体验。

可以说，年轻消费群体的全新消费理念和需求，推动了盲盒这一拥有多重附加价值的商业模式流行。

新零售模式下，盲盒的玩法十分多样化。

1. 线下直接销售盲盒

很多商场会在线下门店内销售盲盒，通过各种盲盒形式去吸引喜欢新鲜事物的年轻人群购买盲盒。而商家则通过卖盲盒来赚取商品差价。

2. 盲盒自助售卖机

在很多大商场中都能看到盲盒自动售卖机。通常商场会在店门口、卫生间等人流量较大的地方放置一台自助售卖机，装满盲盒，并在产品展示区明确告知消费者盲盒中可能拆到的商品。消费者扫一扫自动售卖机上的二维码，支付价款后，自动售卖机就会随机掉入取货口一个盲盒，消费者取出即可。

3. 买产品抽盲盒

买产品抽盲盒，就是用户在平台上购物或充值后，平台会送给用户一次抽奖机会，用户通过抽奖获得相应的盲盒购买资格。在抽中之后，系统会自动显示盲盒中的商品，用户再以一个较低的价格支付后方可获得所抽中的商品。

4. 盲盒社交电商

盲盒社交电商其实是"电商带货＋盲盒交友＋盲盒礼物"的玩法。具体操作步骤为：

发起者挑选产品放入盲盒中，向用户派发盲盒，并且附上自己的联系方式与礼品，一同放入盲盒池中。作为发起者，不仅可以获得用户抽盲盒的收益，还可以在这个过程中获得交友的乐趣。

用户需要拿出自定义的金额来开盲盒，在开盲盒的过程中有机会获得超级礼品，并获得发起者的联系方式，开始与发起者交友，同时能获得推广平台赠送的奖励。

对于平台来讲，只需要与各大商家合作，由商家提供产品供发起者挑选，通过用户拆取盲盒礼物的方式，刺激用户分享裂变，进而带动更多用户发起盲盒与开盲盒，实现平台间接做电商带货生意，在赢得更多流量的同时，获得更多收益。

对于商家而言，平台为其带货、销售产品，商家坐收红利即可。

简单来讲，盲盒社交电商，就是借助一种简单的社交方式，再加上盲盒元素，吸引广大用户的好奇和追捧，实现多方共赢。

盲盒模式将娱乐、社交、消费相结合，是基于用户好奇、逐利心理的一种用户体验式销售模式，是新零售时代衍生出来的一种全新商业模式。盲盒模式为新零售注入了活力，也为商家带来了巨大红利。掌握盲盒模式的创新型玩法，可以快人一步抢占财富商机。

十、空间零售模式：氛围中实现销售转化

新零售模式就是对传统零售模式中人、货、场三大核心元素的重构。场的重构也是一个重点方向，空间零售模式是一种典型的基于场的重构的新零售商业模式。

空间零售模式的玩法就是借助现有的经营空间，构建一个具有全新功能和意义的场所，通过这个被赋予了全新功能和意义的场所吸引更多流量和销量，带动整个商业的发展。

具体该如何理解呢？这里以星巴克为例。

很多人去星巴克，并不意味着目的只是喝咖啡，花钱购买的不仅是一杯咖啡，还有这个空间体验。所以，人们买杯咖啡，就会在星巴克里找一个自认为舒适的地方坐下来，或是敲键盘办公，或是与三五好友坐下来聊天，或是与两三同事讨论业务……在这个空间里，人们与其说是在喝咖啡，不如说是在社交和开展商务活动。

可以说，星巴克已经成为人们工作和家庭之外的"第三空间"。正是因为有了这个可以供消费者自由社交的场所，赢得了那些想要走出办公室和家庭，寻找一个更加放松、舒适且能够举办小型聚会、开展小组业务探讨空间的人的青睐。与此同时，将店内空间更好地利用起来，也拉动了自身的销量。星巴克如此懂得营造气氛，可谓开创了"空间零售"的先河。

星巴克将线下实体店空间从单纯销售的场所，通过增加空间附加价值的方式，进一步提升为具有社交属性的价值空间，将店内空间的价值发挥到了极致。

一方面，这种"空间零售"模式，借助空间的社交属性根植于消费者心智，是一种全新的引流方式。这样一个放松、自在，充满社交情感联结的空间，看似淡化了店铺空间的消费属性，却有效提升了用户黏性。另一方面，这种全新的模式为店铺实现了创新性特色经营，扩大了服务半径，提升了门店坪效。

星巴克打造的基于社交的空间零售模式，只是空间零售模式的一种。商家还可以根据门店特色，进行多样化主题创新，比如宠物派对、手语课堂等，通过对门店空间的创新性应用，使得商家能够触达更多消费者，氛围中实现销售转化，进而实现市场规模的进一步扩张。

十一、店中店模式：合作共赢，省力又省心

实体店铺销售模式已经流传了数千年，是很多商人致富的首选。那种熙熙攘攘，极具烟火气息的繁华景象体现了经济发展的活力。甚至在市场中有"一铺养三代"的说法。这足见实体店铺曾经的辉煌。

如今"一铺养三代"已经成为历史。虽然在黄金地段建了很多商铺，但店铺多了也将流量分流了。再加上电商的火爆，在一定程度上分散了客源。加之经营店铺的面积如果很大，就会由此带来店铺租金、店铺装修与维护、用电及人工成本等一系列支出，尤其以店铺租金高最甚，使得经营成本居高不下。店铺客流减少，花高价租下商铺，由于客流量被多次分散后，进店人数减少，收入减少，租金成为压死商家的最后一根稻草，使商家成为店铺业主的打工人。

这种情况下，为了尽可能地节约成本，商家在经营过程中摸索出一种全新模式——店中店模式。

店中店模式，即在店里开店，商家将一部分闲置的店铺空间转租出去，让别人在自己的店铺内划出一块空间开一家新的店铺去经营。店中店与商家店铺之间没有利润冲突，转租者只需按照约定按时缴纳出租方一定金额

的租赁费即可。

店中店模式的常见玩法有以下两种：

1. 同行不同业

同行不同业，就是转租者与出租方是同行，但所开店铺经营的产品却不同，经营的业务也不同。

众所周知，吃生鲜，吃的就是一个"鲜"字。盒马鲜生里专门设有生鲜区，在这里能买到各式各样的海鲜产品。很多人喜欢吃海鲜，却不擅长处理海鲜，即便会处理，处理起来也十分麻烦。针对这个问题，盒马鲜生就发现了新的商机。在盒马鲜生出店的必经路上开了多家食品加工店，并为消费者提供用餐的桌椅。消费者可以把自己购买的新鲜海鲜食材交给加工店现场处理和加工，并在盒马App上支付服务费，然后坐等美味出炉，在最短的时间内吃上新鲜食材制作的美味。

盒马鲜生与食材加工店同属餐食行业，将食材加工店开进盒马鲜生店铺内，双方负责各自的业务，不但互不干涉，还能联合起来为消费者提供一条龙服务，让消费者足不出店就能吃上新鲜食材。这样，食材加工店的入驻不但减轻了盒马鲜生的店铺租金压力，二者合作为彼此提升引流和变现能力，可谓一箭双雕。

2. 不同行跨界

不同行跨界，即出租方和租赁方来自不同行业，将不同行业的店铺开设在原有店铺中，达到节约租赁成本的目的。

物美超市与其他零售超市相比有一个与众不同的地方，就是在店铺内开设了其他店铺，如手表维修店、衣服扦边店、鲜花店等。虽然物美超市里的这些小店铺面积很小，却充分利用了物美超市的闲置空间，在一定程度上分担了物美超市的租金费用。

手表维修店、衣服扦边店、鲜花店开进了物美超市，消费者可以逛完物美超市后顺便修表或者买花等，在物美超市开出的店铺无须寻找客户，只需输出产品或服务，缴纳物美超市相应的租赁费即可。因此，这种店中店模式也是一种跨界合作、互利互惠模式。

很多生意人会有这样的误区——绝不能在自家店里卖同行的东西，这样会给自己带来竞争对手，会影响自己的生意。事实并非如此。将你的店铺划出一定面积出租给别人开店，你只需收取场地租金、利润分成即可，不用担心产品是否卖得出去，是否赔钱。店中店模式既省力又省心，帮助商家实现开源节流，对出租方和租赁方是双赢。

对于跨界店中店来说，更是有利而无一害。不仅可以实现跨界店铺的相互引流拓客，获得更加多元化的客户群体，还能充分利用现有资源，让消费者体验购物、生活的便捷。

总之，店中店模式降低了商家的运营成本，增加利润分成，有效增强商家的市场竞争力，是一种切实可行的开源节流模式。

十二、自营折扣模式：抓牢商品变现最后一波红利

近年来，零售商品在供给端和需求端两侧发生了深刻变革。在需求端，消费者更加注重个性化、品质化追求，希望购买的是高性价比商品，而很多线上电商与线下实体相比，给出的优惠力度更大。为了安全健康起见，不少消费者将更多的消费转向线上。这就使得供给端商品产生了大量积压，久而久之就会产生一批临期食品。

为了缓解库存压力，解决临期食品问题，吸引更多消费者，自营折扣模式由此诞生。

自营折扣模式，即实体店铺将自己的折扣店直接开在店内，形成独立的门店，有自主收银员和员工。这种模式与店中店有所区别。店中店是一种合作模式，而自营折扣模式是一种在自有店铺基础上开创的折扣模式。

我国目前最大、发展最早的零售企业之一物美超市，仅在北京就拥有800余家门店。2022年，北京物美开出首家折扣店——美淘折扣店。占地面积80余平方米，店内主要销售的是日杂百货、粮油米面及少数冻品。该折扣店每天都在更新商品，部分商品售价比物美大卖场的要便宜。

美淘折扣店销售的并不只是临期商品，临期商品只占所有商品的30%，还包括物美大卖场的换季商品，以及那些销售完不会再上货的淘汰、替换、更换商品。

当前，折扣店品牌发展势头正盛。好特卖成立于2020年2月，截至2022年10月，好特卖在全国已经有490家门店。由此可见，折扣店的吸引力巨大，越来越多的实体零售店入局。

综合物美的美淘折扣店运营模式，自营折扣模式的优势在于：

1. 低价引流

折扣店销售的产品价格低于同类零售店，在低价的诱惑下，对于流量较少的商家来说，不失为一种有效的引流利器。

2. "大佬"背书引流

物美超市作为业界"大佬"，为新开的折扣店背书，能够轻松赢得消费者的信任，激发他们进店消费的热情和积极性。

3. 缓解库存压力

薄利才可能多销。折扣店借助低价优势，在高效引流的同时，也会有效提升商品变现能力。这对进一步缓解商家的库存压力大有裨益。

4. 自供自销

很多折扣店面临的最大问题就是货源问题，物美超市开创自营折扣店，直接将卖场里的商品拿出来以折扣价售卖，实现自供自销，不用为供货问题而担忧。

5. 抓牢商品变现最后一波红利

对于零售商来讲，最让人烦忧和头疼的就是临期、淘汰、更换类商品。这些商品如果不能快速销售出去，就会因为过期、过气而受到消费者的冷落。直接导致零售商亏本，资金流不畅。像物美超市的自营折扣模式，则将物美大卖场中的临期、淘汰、更换类商品直接交给美淘折扣店以低价销售，不仅一定程度上解决了经济损失的问题，还牢牢抓住了商品变现最后一波红利，稳赚一笔。

这种自营折扣模式不仅物美超市在运用，像盒马鲜生也相继开出了折扣店"生鲜奥莱"。无论是物美超市还是盒马鲜生打造的折扣店，都是为了生存而进行的新尝试，都是线下零售在高损耗率下探索的新模式。

十三、"外卖+外带"模式：实现轻资产运营

如今，企业间的博弈已经变得十分激烈。企业如果不能快速占领市场，就会面临被市场淘汰的境遇。因此，如何用最小的投入最大限度地获取盈利，已经成为各企业所关注的焦点。"外卖＋外带"的轻资产模式则是适应时代发展而出现的极佳商业模式。

传统的实体餐饮店是消费者进店消费，并在店内堂食。"外卖＋外带"模式，即商家在支持消费者店内堂食的同时，还允许消费者外带，或者以外卖的形式消费。

时代在变，消费者的消费需求也在不断变化和升级。随着生活节奏的加快，人们边走边吃、边走边喝成为一种趋势。星巴克为了更好地适应这一趋势，进行商业模式创新，在现有堂食的基础上，不但增加了"专星送"外卖服务，还推出了外带服务，并将这样模式的店铺称为"啡快概念店"。

与传统的主打堂食服务的店铺相比，星巴克的"外卖+外带"店铺内设置了少量座位，供顾客休息使用。

1. 外卖服务

其外卖服务通过两种渠道实现：

（1）自有平台

每天在顾客消费高峰期，啡快概念店将通过店内的中央厨房分担附近门店的专星送订单。专星送订单主要来源于星巴克App、公众号、小程序三个自有平台。消费者在这三个平台上的"专星送"外卖服务板块自助下单，由第三方外卖平台的骑手送货上门。

（2）第三方平台

星巴克的外卖服务除自有平台提供之外，还与饿了么、支付宝、口碑团购等合作。用户在这些平台上的星巴克店铺下单并支付后，由下单平台将咖啡送货上门。

2. 外带服务

（1）自有平台

星巴克针对顾客到点自取的需求，专门推出了"咖快"服务。消费者可以去星巴克的自有平台下单，然后到点自提。取货时需要向店铺工作人员提供取单口令方可取单。

（2）第三方平台

消费者在第三方平台，如饿了么、口碑团购等平台上，也可以享受星巴克的外带服务。用户在这些平台上的星巴克店铺下单并支付后就可以到店自提。

"外卖+外带"模式的优势如下：

1. 紧抓需求，即拿即走

生活节奏加快，消费者没有更多时间去堂食。这种"外卖+外带"模式，满足了消费者当下的消费需求，即拿即走，提高了消费者的用餐效率，因此受到消费者的喜爱。

2. 带走的是产品，更是品牌

消费者在门店就餐的情况下，整个消费环节在店内闭环完成。但"外卖+外带"模式则不同，消费者将产品拿出门店，其实就已经成为一个行走的宣传广告牌，为品牌做免费宣传。当其他路人看到消费者手中的产品包装时，就已经完成了一次品牌宣传。更多人出于好奇而去尝试购买这个品牌的商品，为品牌带来了可观的流量和销量。

3. 增加店铺坪效

对于商家来说，每天的投入与产出对店铺的经营都十分关键。在店铺面积一定的情况下，每天的租金成本是不变的，要想提升店铺每天的盈利，就需要在单位营业面积创收的盈利上下功夫。"外卖+外带"模式，增加了店铺坪效，是一种提升店铺盈利的绝佳方式。

店铺坪效，即每坪面积上可以产出的营业额（1坪=3.3平方米），也就是单店营业面积内每平方面积上每天所创造的销售额。

普通堂食模式下，消费者进店购买，尤其是遇到休息日、节假日，需要排队等候很长时间。在一定的时间内，排队意味着降低了就餐效率，影响了门店营收。"外卖+外带"模式下，店铺人员不再增加，经营时长不变，减少了顾客进店排队等候的时间，增加了购买销量，这就提升了店铺坪效，使营收最大化。

零售是一个巨大的行业，业态创新才能激发新活力。"外卖+外带"模式，实现了多维度销售，为消费者提供了多项购物选择，提升了顾客的购物体验，也是零售行业的一种变局与创新。

第六章　免费模式：放长线钓大鱼

随着互联网的发展，基于互联网的免费模式应运而生。免费商业模式下，不论产品、服务还是体验，都可以是免费的。免费的目的就是放长线钓大鱼，很好地聚焦用户目光，进而实现赢利。其实，免费的才是最贵的。

一、产品免费，服务收费

免费模式的玩法有很多，最常见的就是产品免费、服务收费模式。这种模式比较独特，就是免费送给用户产品，有关产品的安装、定制、后期维护等其他附加服务，则需要向消费者收取费用。比如，有时电信运营商会推出办卡或充值送手机的活动，这就是典型的产品免费，服务收费模式。

这一模式的好处在于，借助免费产品可以在用户中赢得良好的口碑，进而提高品牌知名度。

与此同时也存在一定的缺陷，那就是这种模式将服务当作主营业务，产品成为一种引流工具。要想引流，首先要保证产品品质过硬，否则口碑难以为继，后续服务业务也就没有了用武之地。

二、购买产品赠送免费服务

购买产品，赠送免费服务，这是当前常见的一种免费模式。消费者花钱看似购买了产品，实则也为与产品的相关服务埋了单。比如，消费者买家具或皮草，享受免费上门送货、免费安装、免费保养、免费退换货等服务。

该模式让消费者觉得，自己花钱不但拥有了商品，还能享有足够多的免费服务，能解决产品使用过程中自己难以处理的问题，省事、省时、省心、省力。在消费者看来，自己的钱花得很值，这也是吸引消费者积极购买的原因。

但如果不能对免费服务有很好的理解，就很容易失败。之所以买产品免费赠送服务，关键在于产品服务有难度，并不是任何人都能做，而是需要将专业的事情交给专业的人完成。

以皮草清洗为例，很多人购买皮草，最头疼的就是皮草的清洗。如果清洗不当，就会对皮草造成不可逆的损坏。而普通人并不是专业人士，清洗起来有难度。这样清洗服务就可以通过免费的方式赠送给消费者，消费者自然愿意花钱购买，不仅拥有一件皮草，还省去了后顾之忧。

三、主产品不免费，副产品免费

"主产品不免费，副产品免费"，是通过副产品的免费，吸引消费者购买主产品，使消费者与品牌建立买卖关系。

商超惯用的促销模式：买咖啡送咖啡机等。喝咖啡是一种品位的象征，咖啡机更能提升家具档次和品位。买咖啡免费得咖啡机，在很多人看来买到就是赚到，自然能吸引消费者积极购买。

"主产品不免费，副产品免费"模式下，通常免费的副产品从外观上看，其价格与价值甚至要大于主产品。消费者为了得到副产品，就会积极购买主产品。这种借助消费者"买到就是赚到"心理的模式，能让商家赚得可观的利润。

需要注意的是，在选副产品时，要选择那些看上去外观精致、有档次，但成本并不高的产品。如果选不好，自己可能会亏本，或者主产品无人问津。不少"主产品不免费，副产品免费"模式失败的原因在于赠品太差，没有足够的吸引力和杀伤力，反而使得本想购买主产品的消费者打了退堂鼓。如果赠品给消费者留下了不良印象，也会影响主产品在消费者心里的印象，进而导致销量下降。

四、体验免费，购物收费

"体验免费，购物收费"模式，是迎合当前消费者注重消费体验感受而构建的创新免费模式。该模式的重点在于借助免费体验来吸引消费者花钱购买。显然，这是一种先免费为消费者服务，后吸引消费者购买的模式。

很多人在购买产品之前，并不知道产品是否适合自己，会再三犹豫甚至直接放弃购买。屈臣氏在深入洞察消费者心理之后，向消费者提供免费体验服务。消费者在微信搜索功能搜索"屈臣氏"，在屈臣氏公众号界面的"服务"功能里，就可以申请免费试用新品。在申请预约成功之后，就可以在屈臣氏线下店铺免费试用。

消费者如果是屈臣氏会员，就可以直接在屈臣氏店铺享受专业的皮肤测试、虚拟免费试妆，帮消费者选定最适合的妆容，然后由专业的服务人员为消费者化妆。

在试用后，消费者如果觉得使用效果好，产品和妆容效果都非常适合自己，就会不假思索地买下产品。

屈臣氏为消费者带来随时随想的优质试用体验，帮助消费者了解自己的美妆个护需求，获得定制化的美妆个护好物推荐，有效提升了屈臣氏在消费者心中的好感度。这种免费体验模式也卓有成效，据屈臣氏提供的数据显示，有超过六成消费者在免费体验产品之后，购买了体验中使用的产品。

通过免费体验，让消费者更加明白什么样的产品适合自己，什么样的产品值得自己购买。这在一定程度上消除了消费者内心疑虑，促进了消费者快速做出购买决策。消费者免费体验上瘾时，如果想要继续获得这种良好的体验感，就会花钱购买产品，使这种良好的体验感持续保持。这样商家的产品销量自然而然会得到有效提升。

这种"免费体验，购物收费"模式也存在一定的风险。免费体验会吸引大量"薅羊毛"的人。他们就是单纯地免费体验，并没有花钱购买的打算。久而久之，就会给商家带来一定程度上的经济损失。

五、基础功能免费，增值服务收费

"基础功能免费，增值服务收费"模式主要是靠"基础功能免费"来吸引流量，靠"增值服务收费"来赚取利润。

比如，对于腾讯视频，用户使用该App是免费的，但普通用户享有的权益有限。因为腾讯视频推出了会员，要想观看所有的影视剧，就需要支付额外的费用，升级为腾讯视频会员。

再如，任何人都可以玩《王者荣耀》游戏，但如果玩家想要更换更好的游戏角色外观，就需要花钱购买。

以上都是典型的基础功能免费，增值服务收费。

这种模式的成功之处在于，流量变现水到渠成。以腾讯视频为例，通过一些基础功能来赚取流量，但当用户已经喜欢上自己追的电视剧时，却因为不是会员则无法继续观看，无法满足自己对接下来剧情的好奇心，势必会心痒难耐。为了能够继续甚至提前观看，了解剧情，不再让自己心痒难耐，用户购买会员就变得顺理成章。

这种模式之所以能够实现商业化收益，是因为增值服务在用户看来是值得购买付费的。如果你的增值服务没有抓牢用户的痛点，没能让用户感觉享受不到增值服务就浑身不自在，那么你的增值服务收费就是失败的。例如，如果微信里用户使用表情是收费的，那么这个表情工具对于用户来讲，用或不用皆可，用了会让聊天内容变得更加活泼有氛围感，不用也不会影响对方对聊天内容的理解。所以，如果微信表情要作为增值服务收费的话，就难以成功。

六、先免费，后收费

"先免费，后收费"模式是通过先免费提供商品，而后通过该商品或服务慢慢赚取利润，以此得到更多的惊喜和回报。前期消费者免费得到商品和服务，商家看似亏本，实则赚了流量。

在以前没有快递柜的时候，人们网购的货物很多时候因为上班、外出等导致快递员没有办法直接送到消费者手中，容易造成丢件。随着人们的网购行为越来越频繁，丰巢公司看到了这个商机，将快递柜建在各个小区内，为快递员和消费者带来了极大的便利。

早期，丰巢为了吸引并套牢客户，只对快递员收取一定的投放费用，小区居民取件完全免费。当丰巢初始用户积累到一定规模，居民已经习惯了丰巢这种便利之后，丰巢便开始开启收费模式。小区居民的快件在丰巢快递柜存放时间超过18小时，就会向居民收取一定的费用。丰巢借助这种"先免费，后付费"模式让自己大幅获利。

该模式中，"先免费"同样是通过免费来吸引流量，用户免费使用产品一段时间后，就会形成对产品的习惯和依赖，由此也能很好地套牢用户，有效提高用户黏性。

但在用户已经习惯于免费使用产品的时候，如果突如其来地要向用户收费，会让用户一时难以接受，甚至因此不再使用产品，会在一定程度上造成用户流失。如果收费不合理，前期占领的市场很有可能会在短时间内快速消失。

七、免费带出间接收费

"免费带出间接收费"模式,主要是借助免费的部分带动消费的部分,达到消费者埋单的目的。当前,很多影院、博物馆、娱乐场所等会采用这种免费模式。

比如,有的电影院针对情侣到店的情况,推出女性顾客免单。而大部分女性顾客前来观影,都会带着自己的伴侣,因此也就吸引很多男性顾客前来消费。

又如,很多游乐园推出儿童免票,但儿童通常是在家长的陪伴下来游乐园,家长要想进入游乐园就需要买门票。这样,儿童的免费带动了对家长的间接收费。

"免费带出间接收费"模式,采用的是一种连带策略。有免费部分,就一定会带出收费部分,在免费部分的吸引下,收费部分顺其自然地为商家带来源源不断的收益。

任何事情都有两面性。这种模式存在优势,也存在劣势。要知道,能够吸引女性观影、吸引儿童游玩,必定要保证产品过硬,对免费的用户有足够强的吸引力。做不到这一点,商家的免费便无济于事,何谈获得收益。

八、限定免费,超出付费

"限定免费,超出付费"模式,就是在规定的人数、次数、时间、用户内是免费的,但超出人数、次数、时间限定范围就需要付费。

1. 限定人数免费使用

这种模式是用户数量在一定人数范围内免费使用,如果超出这个范围就要付费。

2. 限定次数免费使用

这种模式是指在一定的使用次数内,用户可以免费使用,但超出这个限定,就要收费。

3. 限定时间免费使用

这种模式就是让用户在最初的一个期限内免费使用产品,超过这个试用时间就要付费。

比如,很多办公软件会推出限时免费使用,如果用户超出这个时限范围,觉得这个软件好用,还想继续使用,就需要付费购买。

4. 限定用户免费使用

这种模式是只限定某些特定用户使用产品的某些特定功能。如果想使用所有功能,就需要付费购买。

这种模式无论限定人数、次数免费使用，还是限定时间、用户免费使用，免费的目的是更好地吸引流量，限定的目的是让用户更好地体验产品，当用户体验"上瘾"的时候，免费体验戛然而止，使用户急切想要付款购买继续获得这种让自己"成瘾"的产品。

这一模式成败的关键在于产品的选择与范围的限定。产品的"成瘾"性限定范围的适度性，直接影响用户是否付费购买的决策。产品选择和范围限定有误，这一免费模式也就失去了价值。

九、邀请好友砍价零元购

"邀请好友砍价零元购"也是一种免费模式。用户进入砍价页面，发起"砍价0元拿"，确认收货地址后，就可以正式进入开始砍价环节。发起人可以通过"邀请好友砍价"，将购买金额砍到0元。砍价成功之后，商家为发起者免费寄出商品。这种免费模式，最典型的"玩家"要数拼多多的"免费领商品"和陶特的"砍价0元拿"。

这种模式成功的优势在于借助社交互动形式，将砍价链接分享给微信好友，然后一传十、十传百，在社交互动中实现砍价用户快速裂变。用户在帮助发起者砍价的同时，自己也可以发起一个新的砍价活动，邀请自己的好友以及好友的好友一起帮助自己"0元拿"。

对于商家来讲，这种免费模式在流量快速裂变的同时，也使得产品在短时间内增加了曝光量。曝光量越多,销量提升越快。

对于平台来讲,也由此获得了更多的裂变流量。流量就意味着红利。

由此可见,这种创新免费模式对于发起者、参与者、商家、平台来讲,实现了多方共赢。

很多人认为天下没有免费的午餐,就会因此而担心邀请好友砍价活动存在风险,也对商品品质产生怀疑,甚至担心发起者分享的砍价链接中可能植入了病毒。所以,很多用户不愿意为了贪眼前的便宜而让自己吃大亏。如果用户有了这种心理,砍价活动就很难进行下去。

第七章 低价模式：以低价换市场

当前，消费者在注重产品品质、功能、附加价值的同时，对价格也十分敏感。性价比越高，越受消费者青睐。低价模式也因此成为一种重要的商业模式。低价模式并不是单纯地放低价格，而是通过低价构建竞争壁垒，用低价获得市场。

一、产品低价，服务收费

"产品低价，服务收费"模式，就是以低价的形式向消费者销售产品，之后再向消费者收取与产品相关的服务费用。

当人们提到小米科技的时候，脑海中首先想到的就是"低价"。在小米手机上市之前，已经有诺基亚、苹果、摩托罗拉、三星等手机品牌占据了手机市场。小米手机作为后起之秀，想要在市场中分得一杯羹，就要将"低价"作为切入点。但如果一味做低价产品，会失去很多利润，甚至入不敷出，使整个公司陷入"死局"。所以，为了增加可观的利润，小米科技在

"产品低价"的基础上增加了"服务收费"。由此,这一商业模式便进入探索和尝试阶段。

自从 2011 年 8 月 29 日,小米的官方电子商务网站正式上线以来,就采用了这种新型商业模式,借助互联网绕开中间渠道,省去很多高昂的渠道费用和推广费用,直接将小米手机的价格定在了最低。通过这种线上渠道,小米有机会直接接触用户,根据用户的意见快速反应,创造出更加迎合用户"口味"的低价产品。

在这一模式为小米科技带来巨大的流量和销量之后,小米科技便将这一模式一直沿用下来。

随着小米科技产品品类的不断丰富,除了手机,还包括电视、空调、冰箱、电饭煲、手环等产品,都是以低价售出。通过扩大销量来形成规模效应,并借助"服务收费"以增加公司的整体盈利。

该商业模式的优势在于:

1. "产品低价"是企业实现市场突围的利器

如今,消费者在消费的时候更加理性,既追求产品品质,也注重性价比。"产品低价"对于初入市场的行业来说,是极好的切入点和获得入市机会的一枚利器。以低价产品入市,目的是迎合消费者高性价比的需求,以此更好地吸引消费者,从而快速打开市场。高性价比自然会加快销售信息的流通速度。产品的低价格带动产品的传播与营销,传播与营销反过来又促进产品销量的上涨。所以,产品低价是在为实现收益最大化做铺垫。

2."服务收费"是企业赚取收益的有效渠道

企业获得盈利，除了开源，还应当节流。"服务收费"即向消费者销售"服务"。而贩卖服务又是一种低成本行为，也是一种低投入换取高收益的手段和渠道。先向消费者兜售低价产品，吸引消费者争相购买。消费者购买产品，就必然会产生与产品有关的服务需求。这样就可以为企业带来盈利的持续增长。

小米手机售价与市场中同类手机相比较低，但后期用户如果想要更换一块电池，就需要花钱购买电池更换服务。正因如此，小米科技能够快速占领市场，并获得源源不断的盈利。

总之，"产品低价，服务收费"模式，是打着"低价"的旗号，制造品牌宣传效应。但企业应当寻求更多的服务业态做支撑才能获利，保证企业持续运转。

二、分享享折扣优惠

分享享折扣优惠，顾名思义，就是在社交平台上分享一条有关品牌、商家的推广信息，就可以以折扣价带走商品。整个过程中，用户只要动动手指就能享受低价折扣，自然十分愿意主动分享。

拍照分享折扣优惠模式的途径有两种：

1. 朋友圈分享

朋友圈就好比一个信息交流中心，在这里人们经常会晒生活、晒日常，也会分享一些有价值、实用性强的信息。基于此，一种借助分享朋友圈享折扣优惠的低价模式诞生了。

比如，很多餐馆为了提升自己的知名度，会在餐厅入口处或在餐桌上，张贴非常醒目的活动海报。活动内容是：凡是进店消费的顾客，在店内拍照打卡，并将照片分享至朋友圈，附上店铺的详细地址，就能以一定的店铺折扣价格享受店内美食。

2. 短视频分享

随着人们时间碎片化特点越来越突出，人们更加喜欢用刷短视频的方式来打发时间和放松身心。短视频平台上聚集着大量用户。很多商家瞄准了短视频平台上的潜在红利进行商业模式创新，拍短视频分享享折扣优惠就是其中一种。

具体玩法是：进店消费的顾客，拍摄一段有关饭店环境、菜品、用餐体验的短视频上传到短视频平台，并选择所在位置，将短视频发布出去。短视频平台用户看到这条内容时，如果被这条短视频种草，想要去这家饭店打卡、享受美味，直接点击视频作品页面的"定位"图标，就可以直接跳转到饭店所在的具体位置。商家则给予顾客一定的折扣，低价享受美食。

分享享折扣优惠，其优势在于借助社交的力量，为商家做宣传，达到"一石激起千层浪"的效果，而顾客则简单动动手指就能享受低价优惠。这对于商家和顾客来讲，双方获利，实现了双赢。这正是分享享折扣优惠能够持续进行下去的有效驱动力量。

三、满减券限时二次消费优惠

很多商家为了促销，会使用"满减券限时二次消费优惠"的模式。这种模式是消费者购买产品，可以获得商家发放的优惠券，消费者需要在一定时限内再次消费的时候使用优惠券。相当于消费者下次购买的时候，可以享受低价优惠。

这种商业模式无论线上还是线下都适用。比如，消费者在一家店里消费200元，可以获得一张满200减20元的优惠券。在优惠券有效期内再次购物时，这张优惠券可以拿出来作为现金抵扣使用。

这一低价模式的意义在于：

1. 有效提升销量

诱人的优惠可以吸引消费者，让消费者冲动购买，达到扩大销量的目的。消费者购买商品，就能获得满减券。满减券可以抵扣一部分商品金额，消费者使用满减券低价购买到商品。这满足了消费者爱占便宜的心理，他们更希望自己能在消费能力范围内以最实惠的价格获得更多好处和利益。另外，满减还能增强消费者的成就感，让消费者觉得自己能低价买到商品，买到就是赚到。因此，消费者会为了使用优惠券而回购，并且购买一些原本可买可不买的商品，这就是俗称的"凑单"。这样有效提升了消费者的复购率，使销量更上一层楼。

2. 限时加速下单

"限时"的目的就是加速消费者下单。让那些本来想买，已经加入购物车的人，因为想赶上优惠就抓紧时间下单，加速了消费者二次购买的效率和商家变现的速度。

3. 赚取长远利益

对于商家来说，"满减"的核心目的还在于提高客单价，就是要让消费者增加额外购买行为。当每一个消费者贡献的消费额度提高时，商家的整体利润也就得到了提高。所以，商家舍小利以谋大利，赚的是长远利益。

除此以外，这种低价模式还有一个优势，那就是通常商品降价、打折等优惠方式可能会让消费者觉得品牌或商品比较廉价，但满减这种低价模式则能刺激消费者的购买欲望，还不会让他们产生这样的感觉。

尽管这种低价模式在使用时间上、消费金额上有所限制，但消费者总是因为能够享受低价购买的机会而感到无比快乐，也就促使消费者对这种低价模式乐此不疲。满减券限时二次消费优惠在一定程度上使得商家和消费者都收获了快乐，实现了双赢。

四、订阅时间越长优惠力度越大

对于消费者来说，花小钱办大事是他们所希望的。对于商家来讲，能最大限度提升每一位用户的贡献值是他们最想要的。这样看似消费者与商家之间的利益存在矛盾，但有一种低价模式可以很好地将这一利益矛盾调和，即"订阅时间越长优惠力度越大"模式。

对于有订阅需求的消费者，商家可推出一条订阅规则：消费者订阅时间越长，就可以享受越多优惠。

财联社是一家定位于证券领域投资者，专注于中国证券市场动态的分析、报道的专业财经信息发布中心。由于其能及时收集新闻线索并跟进调查，高效捕捉市场资金热点和机会，也能将信息发布做到快速、准确、权威、专业，受到很多投资人士的喜爱。

为此，在一次"6·18"活动期间，财联社公众号推出特惠订阅活动，对于财联社《盘中宝》《研选》等八大 VIP 栏目，用户单次订阅时间越长，可享受的优惠折扣力度越大。用户单次订阅其中任一栏目，包月享受7.5折，包季享受6.7折，包半年享受5.7折，包年享受4.9折优惠。

在活动期间，这种低价订阅模式真正做到了多买更划算。

这种低价模式在运用过程中体现出以下优势：

1. 有助于用户沉淀

订阅时间越长优惠力度越大，目的就是通过优惠力度来增长用户的订阅时间。对于用户来讲，既然有订阅需求，自然订阅时间长比订阅时间短更加划算。用户订阅时间越长，越有助于公众号的用户沉淀。

2. 带来收益的稳定提升

这种低价模式，用户可以根据自己的需求和优惠幅度的考量，选择自己想要的订阅时长。这种模式满足了不同用户的需求，用户享有极大的自由选择权。让用户自己做决定，用不用订阅，订阅多长时间，享受多大的优惠力度，完全掌握在用户手中。选择权交给用户，使用户产生尊重感、掌控感。但仔细琢磨就会发现，公众号给用户自由选择的权利，其实还是为了让用户根据不同的订阅时长和优惠力度算一笔账，最终绝大多数还是选择时间最长、优惠力度最大的选项。因为这个选项更划算、更值。从长远获利角度来看，公众号所获得的收益就在稳定中不断提升。

第八章 聚合共享模式：博采众长，物尽其用

在互联网和低碳经济双重力量催化的作用下，一种全新的聚合共享商业模式诞生。聚合共享模式意味着一种追求节约、低碳、实现物质与精神的均衡的新生活方式与新生产方式的兴起，从而使一切有用的资源得到整合，并通过分享的方式实现资源合理配置、物尽其用。

一、租赁共享模式：有效盘活闲置资源

每个人手里都有不少闲置资源，如房屋、车辆、家居、设备、书籍等，这些资源如果被搁置到无人问津的角落，其价值就会被磨灭，即便是再有价值的物品也没有展现自我价值的机会。但是租赁共享模式将这种情况进行了有效化解。

在聚合共享商业模式中，发展最为迅速的要数租赁共享模式。该模式是将自己剩余的或者暂时不用的物品，通过收租金的方式将物品的使用权有偿让渡给他人共享，通过资源共享盘活闲置资源。而供给方和需求方则会按照时间、价格、成本的高低出租和租赁。

Airbnb 在全球首创了共享住宿租赁模式。该商业模式是这样运作的：那些有闲置房间的家庭会在 Airbnb 上发布自家房屋信息，不愿住酒店的租客，可以通过 Airbnb 找到相关住宿信息，根据自己的住宿需求筛选自己喜欢的房屋。租客之所以喜欢租住这样的房屋，是因为与酒店相比，不但价格便宜，还能获得一种舒适的家的温馨感。在找到自己喜欢的房屋之后，就与房主达成租赁交易，租客直接在线支付租金即可享受入住体验。而 Airbnb 作为租客与房主之间对接的平台，负责验证双方信息，确保交易安全。整个过程中，Airbnb 不介入房源的运营和管理，只收取一定的服务费用。

租赁共享模式的成功之处在于：

1. 资源合理配置

对于资源所有者来讲，这些仍具很大价值的闲置资源长期搁置，无疑造成了很大的浪费。如果能将其重新利用起来，也可以抵消一部分成本。

对于资源需求者来讲，他们需要解决的是自己低价获得资源的使用权的需求。

Airbnb 这样的平台，将有闲置资源的资源供给者以及有资源需求的租客聚集到一个平台上，解决了资源不对称问题，既满足了租客需求，又使原本闲置的资源重获新生，实现了资源的合理配置。

2. 实现三方共赢

资源所有者将原本没有利用价值的闲置房屋出租，使闲置的资源重新发挥其价值。这样既不会造成空间资源浪费，又能收回一笔相当可观的资金。租客以低成本租到了需要的物品，为自己省下一大笔租金。正是因为租赁共享而享受到了巨大实惠。对于租赁共享平台来讲，扮演了牵线搭桥的角色，也因自己提供了相应的服务而赚取了收益。

由此可见，租赁共享模式实现了资源所有者、资源需求者与平台三方的共赢。

二、对等共享模式：物物交换，互利互惠

在共享模式下，人人都可以参与其中，无论个人还是企业都能成为资源共享者。参与共享的人，可以把自己手中掌握的资源拿出来与大家共同分享。这种共享是无偿的，是自发自愿的物物交换，实现互利互惠。

对等共享模式，通常共享的是一些无形资产，如经验、网络、数据、知识、流程、技术等。这些无形资产不像有形资产一样花钱就能获得，但对于有需求的人来讲，就是无价之宝。正因如此，人们才愿意把自己掌握的无形资产拿出来与大家分享，实现共同进步、共同成长。

以数据共享为例。在互联网出现之前，各企业间的信息就像一座座孤岛，难以实现互联互通。随着互联网、大数据应用的普及，数据信息共享得以实现。数据对等共享也在产业发展的过程中被普遍应用。

以往，生产制造是以实物产品生产为目的，制造工厂生产什么，消费

者就购买什么。如今,生产制造是基于生产的产品经济和基于消费的服务经济的融合,基于制造的服务和面向服务的制造,即消费者或市场需要什么,制造工厂才生产什么。这样,以往的大规模生产实现了向定制化生产转变。对于生产商来说,定制化生产不会造成产品过剩;对于经销商来说,个性化定制确保了精准营销,不会积压商品,也保证了经销商的资金流转有序通畅。而实现这些的关键在于数据对等共享。

报喜鸟就是借助数据对等共享模式打通供应链上下游的典范。经销商最能近距离接近和了解消费者,他们从消费者那里获得服装定制需求,包括衣服版型、面料、工艺、领型、纱线颜色等,并将这些需求转化为数字信息,上传和分享给报喜鸟。之后,再由报喜鸟的工作人员把这些预约的所有数据录入后台,由后台对这些数据信息进行分析和整合,通过智能系统生成版型、工艺、物料、排单四类生产资源信息。然后由智能系统将各组数据汇集到先进的生产执行系统,生成唯一的编码,给每个定制服装打上身份信息,确保一衣一款式,一单一物流。随后便开始进入正式制作阶段。成衣制作完成后,就把其交给物流公司。物流公司将成衣的运输轨迹以数据的形式上传系统,经销商和消费者可以看到实时物流信息,对货物运输状态进行实时追踪。最后,一件完美的定制服装便送达顾客手中。

在整个环节,供应链上的每一个参与者都是彼此的合作者,他们所掌握的数据,包括客户定制数据、生产执行数据、运输状态数据,都是无偿共享的。这种商业模式不但降低了生产成本,还最大限度地提高了劳动生产率,为报喜鸟创造了很多盈利。

对等共享模式的优势是:

1.降低运营成本

对等共享的内容,通常是无形资产,虽然具有很大价值,但参与共享各方无须付出真金白银。就好比等价的物物交换,各自共享,各取所需。另外,不用花钱就获得对于自身来说十分重要的一手信息,有效降低运营成本。

2.提高运营效率

能够把别人分享的资源直接拿来为己所用,促进了组织间的沟通与合作,减少了资源收集的劳动,提高了运营效率。

对等共享模式的目的是通过资源整合,使每个参与对等共享的个人、组织协调运作起来,以增强彼此的市场竞争力。学会并掌握这种模式的应用,对企业的发展大有裨益。

三、空间共享模式:有效缓解租金压力

随着聚合共享经济的兴起,空间共享模式出现。这得益于现代共享空间设计的不断创新和发展。

空间共享，简单来说，就是出租方提供空间，不同的承租方各自拿出一部分租金，共同租下这个出租空间。空间共享最常见的就是办公空间共享。这种模式与我们常说的"拼车"有异曲同工之处。

雷格斯作为全球最大办公空间解决方案供应商，在办公空间共享商业模式上大展拳脚。雷格斯的办公空间通常选在城市中心、中央商务区等黄金地段，其主要业务是为有办公空间租赁需求的人，提供专业的办公空间共享服务。

雷格斯提供的租赁服务比较灵活，客户可以根据需求选择租期和租赁面积。根据租期长短，分为3个月、12个月、24个月。而且无论租赁人员多少，只要签署一份简单的租赁协议就可以立刻入驻办公室办公。这里还为租客提供各种办公设备，一应俱全，租客只需走进办公室工作即可。

此外，雷格斯还为租客提供办公室行政、秘书支持、前台接待、高速网络等服务，从而使得客户毫无后顾之忧地专注于他们的本职工作和核心业务。

像谷歌、东芝等大企业及数千家中小企业，都将其办公室和工作场所需求外包给了雷格斯，由雷格斯为其提供更加专业的办公空间服务。而雷格斯则凭借这一模式收益颇丰。

空间共享模式在运用过程中具有以下优势：

1. 解决客户灵活空间需求

很多时候，人们出差、商务洽谈只是到另一个地方短暂逗留，在当地办公也是临时性的。这就使得人们对移动办公的需求越来越凸显，甚至有的商务旅客因为找不到专业的办公地点而不得不去酒店工作，以及进行商务会谈。但酒店毕竟是休闲、休息场所，在这样的环境办公和进行商务洽谈，缺少了办公室和会议室的严肃性和正式感。

空间共享推翻了传统单个空间独立出租的模式，打破了传统整体租赁的局限性，为灵活空间需求的客户提供了极大的便利。用户可以根据自己在外地驻足的时间，选择适合自己的租赁时长；根据工作环境的需要，选择适合自己的租赁面积。空间共享体现了极强的灵活性和便利性。

2. 入驻客户构建了利益共同体

对于想要租一个正规办公场所的人来说，整租费用太高，并不划算。空间共享模式下，多个租客共同承担租金，大家相当于合租。这样既满足了办公空间需求，又缓解了租金压力。每个入驻客户之间是一种利益共同体的关系。

3. 办公效率不滑坡

工作就要有适合工作的环境和办公设备，才有助于高效完成工作任务。空间共享模式下，对办公空间进行定制，不但有充满办公氛围的场景布局，还有一应俱全的办公设备。客户不会因为需要适应新环境而影响自己的办公效率。

4. 闲置资源再利用

空间共享模式下，很多办公空间是由一些老旧的厂房、闲置的写字楼改造而成的，使得这些闲置资源得到了再利用。

5. 拓宽企业的社交客户资源

在这个共享空间里，入驻的企业来自不同行业，是对资源和人脉的整合。这里的租客，有的本身就是彼此的潜在客户。在共享空间办公，还能在一定意义上拓宽自己的客户资源。

随着空间共享模式的逐渐成熟，未来会有更多空间共享模式出现。尤其在企业降本增效方面，空间共享值得借鉴。这也是空间共享模式下蕴含的商机所在。

四、共享用工模式：打开企业用工新思路

很多企业会受到外界因素或季节性影响，有时候会因为订单剧增而出现"用工荒"；有的时候会因为订单骤减而出现员工"闲得慌"。显然，在用工方面，员工的合理调配成为一个亟待解决的问题。

如何化解这样的难题？最好的解决方法就是共享用工模式。

共享用工，就是多个企业对接展开合作，企业之间根据忙闲情况合理调度和调剂员工，合理安排企业员工到其他企业工作，形成跨企业共享劳动力的用工模式，以此保证企业劳动力配置平衡，保证员工与企业之间的合作关系。

新型冠状病毒感染期间，盒马鲜生的线上订单量远大于平时，面临用工压力。为了缓解劳动力短缺的情况，盒马鲜生采用了共享用工模式。

盒马鲜生与海底捞、云海肴等多家企业达成合作共识。海底捞、云海肴等门店由于停产放假，员工资源闲置，就将自己的员工暂时"借"给盒马鲜生。员工面试通过后，在经过培训之后，就可以在就近的盒马鲜生店内上岗，打短工。海底捞、云海肴的员工在盒马鲜生工作期间，其工资由盒马鲜生发放，员工从中获得工资。帮助盒马鲜生渡过"用工荒"阶段，借出的员工再回到海底捞、云海肴继续工作。

共享用工模式的特点是：

1. 合理调度人力资源，互通有无

当一方"闲得慌"，另一方"用工荒"时，共享用工可以让双方互通有无，将生产淡季的员工安排到生产旺季的企业工作，合理调度人力资源，更好缓解了双方的困境。

2. 灵活用工，保证员工稳定收入

共享用工，是一种灵活用工模式，有效解决了劳动力配置不平衡的问题，化解了劳动力密集与劳动力稀缺的矛盾，让员工无论在原企业生产淡季还是旺季，都能有持续的劳动输出，获得稳定收入。

3. 降低企业人工成本

企业在生产淡季，可能会因为暂时歇业而流失一些员工。共享用工模式将员工富余企业借给员工短缺企业，使得企业之间的劳动力进行有效调

剂，而员工与原企业之间的劳动关系依然存续。但员工在借出期间，工资由借用企业发放。这样，员工还是原企业自己的员工，但原企业无须因为生产淡季而给员工发工资。待旺季到来之际，员工还会回来为原企业工作。对于原企业来讲，在生产淡季既保住了与员工的雇佣关系，又不必承担员工工资，降低了企业人工成本。

共享用工打开了企业用工新思路，优化了用工结构，真正解决了人力资源配置问题，帮助企业和员工更好地"活"下去。这种模式在企业间完全可以创新推进。

五、零散资源聚合模式：抱团发展激发经济活力

当前，市场竞争进入白热化时代，企业在竞争中单打独斗，不仅非常辛苦，还面临较大的失败风险。但如果能与他人抱团合作，形成合力，会在很大程度上提高生存概率，甚至能"活"得更好。

对于单独的企业来讲，寻求合作伙伴比较难，有专业的平台做扶持，则更易成功。由此，零散资源聚合模式便诞生了。

零散资源聚合，顾名思义，就是将那些散落在各处的企业聚集起来，形成一个有机的整体，在抱团合作下激发经济活力，使得每一个企业都能得到更好的发展。

运用零散资源聚合模式发展的典型代表是美团。美团是一家科技零售公司，主要面向广大消费者提供外卖、跑腿服务。在美团平台上，聚集着大量餐馆、鲜花、甜点、酒店等商户，也聚集着大量的美团外卖骑手，以及出行服务商，如美团快车、曹操出行、神州专车、首汽出行等。

消费者在美团餐饮商家下单之后，由美团骑手接单为消费者送餐。消费者还可以在美团平台上的任意一家餐饮店的页面直接点击"打车"按钮，实现一键呼叫多种车型。系统会识别用户所在位置及商家地址，自动填写起始和终点地址，不用用户手动输入，就能直接到达商家目的地。

美团的这一套打法，使得原本单打独斗的个人、组织、企业聚合起来抱团发展，实现了共赢。

零散资源聚合模式的核心优势在于：

1. 整合零散业务，提高商户业务效率

零散资源聚合模式，将各个零散业务整合起来，形成一个巨大的资源池，通过弹性调度，加大了企业与企业之间、组织与组织之间、个人与企业以及组织之间的联动、协同力度，使零散业务找到了好的平衡点，提高了商户业务效率。

2. 平台商户实现可持续发展

平台上聚集了多样化行业里的不同企业和组织，进一步联结用户的吃喝玩乐与出行，为用户提供多样化服务。全新的盈利模式使得聚合在平台上的所有商户都实现了经济的可持续发展，也使行业盲目恶性竞争变

为抱团取暖，促进行业合规化发展的同时，更给各行业企业带来了全新生机。

3. 扩大平台商业版图

在将零散资源聚合中，平台业务呈现多元化特点。由此扩大了平台在生活服务领域的版图，完成了"吃喝玩乐行游购"的闭环。

可以说，这种零散资源聚合模式，扬长避短，因利制权，使个人、组织、企业抱团发展，实现了共赢。这是当下解决企业单枪匹马竞争弱势问题的一条新路径。

六、异业聚合模式：异业资源共享、利益共存

随着商业的发展，市场竞争日趋残酷，那些行业中的大品牌逐渐垄断市场。小商家、小企业、小品牌的生存受到巨大威胁。为了打破这种一家独大的垄断局面，异业聚合模式应运而生。

异业聚合模式，并不像对等共享模式中所说的供应链上的企业联盟合作，并不是产业间的上下游垂直关系，而是双方甚至多方具有共同利益的水平式合作关系。各企业为了达到共同的利益而组建组织机构，凭借彼此的品牌形象和声誉，将更多客源互相分享，以此增加每个企业的客户资源。异业聚合模式下的各个企业之间存在一定的利益关系，但彼此之间却又相对独立。因此，异业聚合模式是一种资源共享、利益共存的模式。

在一次中秋佳节来临之际，《王者荣耀》手游与稻香村合作，推出了主题为"峡谷月明"的中秋月饼联名礼盒。该礼盒是选用立体书形式打造的双层抽屉礼盒，用户打开礼盒，游戏中的角色嫦娥轻拂衣袖，在音乐旋律中，由《王者荣耀》标志幻化的一轮"明月"随即而出。随之映入眼帘的就是融入了祥云、玉兔等有关中国中秋佳节传统元素的图案，带给人一种浓浓的中秋氛围。与此同时，升起的明月发出暖色亮光，随着《王者荣耀》配乐的旋律，在视听上给人以双重享受，妙趣横生。

异业聚合模式的优势表现在以下三个方面：

1. 为品牌注入新鲜活力

异业聚合模式带来了不同行业企业之间的相互渗透和融合，为不同行业企业的用户注入新鲜活力，同时促进品牌间流量互补，使得流量资源弱势的一方不再弱，中等流量优势的一方变强，具有优势资源的一方变得更强。

以《王者荣耀》与稻香村的聚合为例。二者是两个不同行业中的品牌，两者合作是传统与新潮的结合，是典型的异业聚合模式。双方联盟合作，一方面，使得老字号品牌稻香村重回年轻人视线，给稻香村带来了年轻用户的增长；另一方面，《王者荣耀》将中秋节这样的传统文化融入年轻人喜闻乐见的游戏中，为自身吸引了更多新用户。

2. 实现品牌效应叠加

品牌效应，简单理解就是品牌在商业社会中的价值体现。两个不同行业里的企业或品牌聚合，使得双方的品牌效应得以叠加，将各自已经确立的品牌价值相互转移到对方企业或品牌，通过品牌营销传播实现品牌效应的叠加，从而提升品牌形象，提高品牌的整体影响力。

3. 打破品牌刻板印象

每个品牌都有自己的定位，而且经常用不同元素来体现定位。异业聚合将两个品牌的元素融合在一起，在视觉、听觉、嗅觉、味觉等上做突破，衍生出新组合单品。这个单品融入了各自的品牌特征，打破了人们对品牌产品的传统、刻板印象，给双方品牌用户都带来惊喜。

总之，异业聚合模式的应用前景广泛，使得合作双方或多方有效提升了市场竞争力，均能提高自己的收益。

第九章 会员模式：高效吸粉，沉淀用户

对于品牌来讲，有足够多的稳定用户，就意味着有稳定的业绩和可持续发展的动力，但获得大规模稳定用户要讲究方式方法。会员模式是一种能够高效吸粉、沉淀用户的商业模式。玩转会员模式，提升品牌盈利就不再是难事。

一、免费会员模式：积分制推动会员成长

免费会员模式是会员模式中的一种。免费的东西总是具有吸引力。因此，免费会员模式推行起来会容易很多。

免费会员模式，是通过扫码、注册的形式吸引路人免费进入会员体系。成为会员后，用户既可以通过购买产品获得积分，又可以用积分兑换无门槛券或满减券，作为购物抵扣券来使用。这是商家比较常用的商业模式，对于引流吸粉、流量变现有很好的效果。

很多超市为了吸引流量，会推出免费办理会员卡活动。会员卡一般用于积分和打折。会员消费得越多，所积累的积分就越多；消费者签到次数越多，获得的积分就越多。有的超市还用积分换礼品，或者在一定的积分消耗规则下，在货币交易环节用于现金抵扣。会员级别由会员积分决定，积分越多，会员等级越高，能够享受的权益就越大。

免费会员模式的优势在于：

1. 门槛低，覆盖广

免费会员模式，人人都可以免费获取会员身份，还可以比普通顾客享受更多的优惠权益。在想获得更多优惠的心理作用下，很多顾客会积极成为会员。这种门槛极低的会员模式，吸引用户的能力更强，所覆盖的顾客范围更广。

2. 形成完整积分闭环

无论消费者消费获得会员积分，还是签到积累的积分，所获得的积分都可以用作抵用金购买商品。这样，在店内消费积累积分，积分又可以用于店内消费，就形成了完整的积分闭环。

3. 捆绑成长，鼓励多贡献

商家设立会员等级制度，并根据用户消费金额、签到活跃度、分享次数、评价次数等用户的正向行为价值作为成长量化指标，成长值越高，会员等级就越高。这样做，其实就是将用户与积分进行捆绑，是一种捆绑促成长模式，也是一种鼓励用户多为商家贡献消费、活跃度的商业模式。

4. 低成本打赢圈地之战

对于商家来说，免费会员模式不仅是一种低成本拉新、保证用户存留的手段，也是商家低成本增加收益的有效方式，能够有效帮助商家在与众多竞争对手的竞争中打赢圈地之战，实现流量、销量双丰收。

二、付费会员模式：购买消费资格和权益

会员模式有两种：免费会员模式和付费会员模式。付费会员模式就是用户需要花钱才能获取会员身份，并获得消费资格和相应权益，而且会员是有期限的。

通常，付费会员模式有以下两种玩法：

1. 数字服务付费会员模式

数字服务会员，即电子图书、音乐、游戏、音频、视频等平台常采用的付费会员模式。

数字服务付费会员模式下，平台不但要有海量资源，还要有最新、最热门的产品，这是吸引用户付费的重要条件。

一些视频播放等平台上往往有精彩的热门独播影视作品，这样的内容足够吸睛，引发用户追剧热情。但视频播放平台获取精彩热门独播影视作品，要么向第三方制作支付视频节目版权费用，要么自主制作原创视频节

目。这些都是高昂的成本。视频播放平台要想收回成本，就需要使用付费会员模式，在用户获得会员提前看权益的同时，也为自身赢得巨大利益。

2. 零售服务付费会员模式

在零售领域，付费会员模式十分盛行。这种会员模式也分为两种：

第一种，线下零售服务付费会员。线下付费会员，即消费者花钱办理会员卡，并只供线下门店使用。

从2022年11月开始，北京所有麦德龙门店都实行会员制，而且服务只面向付费会员。用户必须购买199元的会员卡，持卡才能进入麦德龙超市购物。在结账时需要出示付费会员码。而且拥有付费会员卡的用户可以享受一定的优惠价格等福利。

第二种，线上零售服务付费会员。线上零售服务付费会员有两种模式：

①本平台付费会员。主要是一些电商平台，它们拥有海量丰富产品供用户选择，通过付费会员模式，给予用户一定的权益和福利。

唯品会采用的就是线上零售服务付费会员模式。唯品会的会员费用是每年69元（以实际收费金额为准），购买会员的用户，可以享受折上9.5折、超V专享价、无限免邮、生日礼券、超V会员日、生活特权、尊享客服、门店特权八项特权。

②付费联名会员。付费联名会员，就是用户掏一份钱，购买两个或多个联名平台的会员，会让消费者觉得同时拥有两个平台的会员很具性价比。

叮咚买菜推出的就是付费联名会员模式。消费者付费购买叮咚会员的同时，还可以获得半年唯品会或半年必胜客会员（联名会员以实际为准）。

以上线上线下零售服务会员模式，其共同优势在于：

首先，迎合年轻用户喜好。当前，消费的主力军是年轻人群，迎合年轻人群喜好，才是引流的关键。在当前，不少年轻人看来，"花钱买服务"是一种时尚，它们愿意为享受与众不同的服务而埋单。付费会员模式，就是迎合年轻用户喜好而进行的商业模式创新，其本质都是为用户提供更优质的服务。

其次，提升用户商业价值。用户与其花钱获取新用户，不如将一个用户的生命周期延长。付费会员本身门槛较高，那些愿意付费购买会员的人，具有一定的消费能力。他们购买了会员资格，相比于普通用户，对商家的黏性高，复购率高，用户的商业价值也高。

最后，为商家带来巨大收益。一方面，商家通过卖出会员资格，赚取了可观的会员费；另一方面，付费会员的时限性在一定程度上促进了消费者的购买频次。从这两点看，付费会员为商家带来了巨大收益。

付费会员虽然需要用户付费购买会员，但这种模式却能符合消费者需求，积极迎合消费者心理，使得消费者即便付费，也十分乐意购买会员。

这一点是付费会员成功的关键。这种聚集了大批会员进行长期付费的模式，不得不说是一种更为精准的盈利模式。

三、储值会员模式：倒贴反能获利

如果说付费会员是一种看得见的商家盈利模式，那么储值会员模式就是一种隐形商家盈利模式。

储值会员模式，就是会员在会员卡中提前储值，然后在消费购物时从会员卡中扣除储值金进行支付。储值会员模式之所以能吸引消费者储值，是因为其有诱惑力的玩法：

1. 充值送充值

充值送充值，即用户充值一定的金额，商家会赠送用户相应的金额，并将赠送金额在一个固定时间点分期充值到会员卡。比如，商家推出用户充值会员卡500元送100元。赠送的这100元会在之后的5个月，以每个月赠送20元的方式充值到消费者的会员卡。

2. 充值返积分

充值返积分与充值送充值有异曲同工之妙。不同的是，消费者充值一定金额，商家则返还一定的积分，并将积分储值到消费者的会员卡。积分可以当作抵扣金在购买商品时使用。

3. 储值送优惠券

储值送优惠券，就是消费者在会员卡中储值金额达到一定值时，商家就会向消费者赠送相应的优惠券、现金券等，消费者可以在购物时使用。

4. 储值抽奖

储值抽奖，即消费者储值相应的金额，就可以获得相应的抽奖次数。储值金额越大，获得的抽奖次数越多，而且设置的奖项往往十分诱人。

5. 储值送礼

有的商家为了提高自己的知名度，强化自己的良好形象，在给会员办理储值卡的时候，还会赠送会员精美礼物。

6. 储值首单免单

很多商家会在消费者充值会员后，赠送消费者首单免单服务。

对于美发店、美容店、美甲店、健身房等商家，消费者充值后，首次前来店内消费，商家会赠送消费者一次免单机会。

以上几种储值会员模式，共同的优点体现在以下三方面：

第一，返利诱人。

对于每一种储值会员模式而言，储值即增值。这些模式都会以一种诱人的好处来吸引消费者积极储值，而且能让消费者花了钱却觉得自己赚到了，有效刺激消费者储值。

第二，看似倒贴实则获利。

消费者储值会员卡，商家会赠送消费者很多极具吸引力的服务、产品、返现、优惠券等，看似商家在做赔本买卖，实则却是一种行之有效的引流方式。有了巨大的流量，销量自然不会差到哪里。表面上会员得到了很大的优惠，但实际上商家获得了更大的好处。

第三，延长消费周期。

储值的目的就是让消费者购买自己的产品时，能够简化收银方式，同时消费者为了消费储值金而有意增加消费频次，经常来光顾。这样有效延长了会员的消费周期。

储值会员模式为商家赢得了更多的现金流，也赚取了可观的收益，有效解决了激活存量、拓展增量、流量变现等难题。这一模式非常值得一试。

四、超级会员模式：借特有权益牢固锁客

超级会员与普通会员相比，其特点在于消费者享有更多的服务和更大的权限，是一种借特有权益牢固锁客的商业模式。超级会员模式下，虽然消费者也需要付费，但是究其根本，超级会员模式与付费会员模式还存在很大的差异。因此，将这种特殊模式列为单独的会员模式之一进行分析。

如今，流量获取越来越难，成本越来越高。流量从注重"增量"逐渐向注重"存量"转变。会员模式的创新加速了这一转化。

全球著名市场检测与数据分析公司尼尔森给出的一份数据表明：超

级用户的消费力是普通用户的5~10倍。超级用户数量增加1%，会带来10%~15%的普通用户数量增长以及20%~25%的销售额增长。这说明，那些真正能为企业带来长期稳定价值的用户，就是超级用户。企业的"超级会员"也是企业的超级用户。

什么是"超级会员"？超级会员，即在普通会员的基础上升级，为其提供更加个性化的服务和超乎想象的权益，让超级会员的价值实现最大化。

1. 超级会员模式玩法

超级会员模式下，会员实现价值最大化，核心在于商家要做好超级会员体系，设计好超级会员权益。

（1）产品特权

在产品特权方面，超级用户享有专属定制产品的权利，还可以参加商品创新，与商家共同研发产品。比如，一家淘宝服装专营店铺的超级会员可以享受产品特权——店铺每年为超级会员提供两次定制服装的机会。

（2）服务特权

超级会员享有快速响应、优先、专属服务，能获得更加优质的服务体验。

携程推出过一次专门面向全国医护人员的"医护专享版超级会员"。除了免费早餐、免费房型升级等权益，医护人员还可以在全国范围内参与活动的酒店中任意选择一家免费入住一晚。此外，携程还为超级会员提供境内外机场贵宾休息室1次，酒店无理由取消1次，以及爱奇艺黄金VIP会员或京东Plus京典卡联名权益。

(3) 价格特权

超级会员虽然对价格不是很敏感，但为了凸显超级用户身份，要让超级用户享受更多的权益，给予超级用户价格特权，也是其中一项。

①专属会员价。即只有超级会员才能享受到的价格。

②专属折扣。商家可以专门开辟超级会员专属折扣区，在这里有超级会员专属的低折扣活动。

③消费返利。商家可以根据超级会员消费金额给予一定比例的返利，返利形式多样化，或是用于再次消费，或是直接提现。商家返利给超级会员，可以让他们觉得自己在消费的同时也是在赚钱，从而有效促进超级会员复购。

(4) 积分特权

积分特权，通常是超级会员消费，会给予其积分翻倍奖励。

(5) 身份特权

超级会员的身份要与普通会员的有所不同，要有特殊会员头像和标识，以彰显超级会员的身份。

(6) 福利特权

商家要为超级会员设置一些不用花钱就能获得的礼品，这些福利的类型和价格由商家根据自身情况来定。比如，凡是西贝莜面的超级会员，西贝莜面每年会给其发放无门槛生日优惠券。

2. 超级会员模式优势

超级会员模式是品牌增强品牌形象的创新，在具体应用过程中，其优势十分显著。

（1）留住高价值用户

超级会员能够享有的权利是非常多的，拥有超级会员对于消费者来说，也是身份的一种象征。用户舍得花钱购买这个身份，就意味着其对品牌、商家的信任度足够强，对品牌和商家的黏度足够高。这些高价值用户对品牌和商家来说，流失率会更小。

（2）驱动品牌发展

那些愿意付费成为超级会员的用户通常是老用户。他们在与品牌建立一段时间的买卖关系之后，对品牌有足够深入的了解，对品牌有更高的认可度，不但愿意消费，还愿意成为品牌的传播者，将品牌分享给更多的人。品牌可以实现零成本拉新，以及业绩的大幅增长。

第十章 平台模式：重塑行业价值，实现行业突围

互联网时代最突出的商业模式就是平台模式。平台模式下构建的多个商业主主体之间进行交易，从而实现多商业主体共赢。平台模式是一种价值分配模式，重塑了行业价值，也是价值实现的模式，实现了行业突围。

一、O2O模式：线上线下相结合

互联网、移动互联网的普及，使得线上线下结合越来越紧密，O2O模式（Online to Offline）由此诞生。O2O模式将线上线下商务相结合，实现推广、引流和变现。O2O模式是对传统服务性电商模式的升级，在O2O模式的推动和催化下，诸如上门送餐、上门化妆、上门美甲、上门家政、上门洗车、上门维修、上门洗衣、厨师上门等各种O2O比比皆是。O2O以突出的"上门"服务又被称为"上门到家"模式。O2O模式所体现出来的便利性成为用户日常生活中的一部分。

O2O模式的玩法主要有以下四种：

1. 先线上后线下

先线上后线下，就是实现线上推广、引流与变现，线下完成服务推进。这一模式实现的前提是，除了需要在线上建立平台，还需要具备线下线上互动的能力。

在O2O布局上，河狸家等走在了最前列。河狸家是一家专注于挖掘女性需求点，打造美业O2O的平台。最初河狸家发现美甲这一高频刚需，便从事美甲上门服务，做单点突破。后来业务从最初的美甲横向延伸，一度延伸至美容、美发、美睫、微整形、美体、化妆造型、按摩等，逐步扩充市场。

用户使用河狸家的O2O美甲服务时，需要线上下单、线上支付，然后用户足不出户就可以体验美甲师上门美甲服务。用户在享受这种更具时尚感的服务时，也希望将自己的美丽分享给别人，得到更多人的关注，走在引领时尚的最前列。同时希望在"社区"中找到兴趣和爱好相同的朋友。河狸家也注意到了这一点，就开通了线上分享功能，满足消费者"交流互动"的需求。

这一模式的优势体现在实现低成本运营。对于企业来讲，投资成本越高，面临的风险就越大。尤其是对于中小型企业或初创企业，高额投资很可能会给自身带来被淘汰的风险。O2O模式是一种上门服务模式，使商家省去一部分线下门店租赁的费用，实现低成本运营。

2. 先线下后线上

先线下后线上模式，就是企业先在线下建立平台，然后开展线下营销，再将线下流量导入线上平台进行交易，形成线上线下相融合的格局。简单来说，这种模式就是先开实体店，再做电商。

苏宁就是典型的先线下后线上模式。最开始，苏宁是做线下实体店的，随着网络的普及，苏宁开始自建电商平台——苏宁易购，其销售的商品除电器之外，还包括日用百货。

苏宁从实体店转向"线下实体+线上电商"的O2O模式，为了更好地迎接潜在的商业挑战，苏宁云商搭建开发平台、突破了体验壁垒，保证了其O2O模式能够始终占据有利地位。

这种模式的优势在于线上渠道与线下渠道双管齐下，给企业带来更多盈利。

3. 先线上后线下再线上

先线上后线下再线上模式，即先建立线上平台，然后采用有效营销方式将线上流量引到线下，让用户在线下实体店中享受服务体验，最后促成用户直接下单购买或在线上下单购买，完成交易。

小米科技早年将发展的重点聚焦在线上商城，后来在线下打造了小米体验店，促使用户能够到线下近距离接触和体验产品和服务，用户可以选择在线下购买，也可以到线上下单，坐等送货上门。

该模式是先让用户通过线上渠道了解产品，然后到线下近距离感受和体验产品，在获得良好的体验之后，用户会就自发地购买，或回到线上完成交易。整个过程实现了引流和变现闭环。

4. 先线下后线上再线下

先线下后线上再线下模式，是先建立线下平台，将线下流量导入线上平台进行交易，之后用户再去线下体验。这种O2O模式中，很多线下商家会选择影响力较大的社会化平台，如大众点评网等合作，以便实现自己的商业目标。

很多线下餐饮、景点、酒店、影院等，会寻找大众点评网这样的第三方平台合作，将线下店铺优惠信息分享在大众点评网上，用户可以在大众点评网下单，线上支付后，就到线下门店进行消费和体验。

这种模式的优势是提升用户转化率。该O2O模式实现了线上渠道和线下渠道相结合，先下单的用户一部分来自线下店铺引流到线上的用户，另一部分来自平台用户。"两条腿"模式与单一线下销售相比，获取的流量会更高，由此用户转化率也会高很多。

二、B2B模式：直接、快速了解产品，促成交易

平台模式中，还有一种 B2B 模式（Business to Business）。B2B 模式，即一种企业与企业之间通过互联网平台完成商业交易的商业模式。

具体来说，B2B 模式主要包括以下三种：

1. 垂直型 B2B 模式

垂直型 B2B 模式，之所以"垂直"，是因为该模式分为两个方向，即上游和下游。生产商或商业零售商与上游供货商之间是供货关系；生产商与下游经销商之间是销货关系。其实，这种垂直型 B2B 模式就好比将线下商店搬到了线上，只不过企业在网上开设的是虚拟店铺，企业通过网站宣传自己的产品，让更多客户了解自己的产品，促进交易。

惠农网是一个专注于农产品批发的线上交易平台，平台用户可以免费发布农产品供求信息，了解当下农产品价格行情。买卖双方可以通过实时在线交流，确认商品信息，并在线上完成下单采购。

垂直型 B2B 模式下，供货商和零售商在线看货、交易，节约了实地看货的成本，并且平台为零售商提供了保障交易服务，有效降低了供货商

收钱不发货,零售商收货不付钱的风险,为供货商和零售商提供了极大的便利。

2. 自建型 B2B 模式

自建型 B2B 模式,是企业自发构建以自身产品供应链为核心的电商平台。企业根据自建平台连接整个产业链,使得供应链上下游各企业通过这个平台实现信息传输、高效交易。

海豚供应链是中国进口母婴产品供应链平台,隶属深圳市有棵树科技股份有限公司,致力于为中小海淘企业提供正品海淘货源,解决中小海淘企业的产品采购和代理、发货、集运、仓储问题,实现商业贸易往来。

自建型 B2B 模式直接在自建平台上将自己的产品卖给代理商、零售商,为采购方提供了一个便利的交易渠道。对于自建平台的企业,这种模式没有中间商,没有佣金负担。另外,一切销售和服务流程都由自建平台的企业说了算,可以为代理商、零售商提供更好的个性化服务。

自建型 B2B 模式可能在流量基础方面比垂直型 B2B 模式逊色,但从长远来看,自建型 B2B 模式在竞争强度、客户忠诚度、自我成长等方面更胜一筹。

3. 综合 B2B 模式

综合 B2B 模式也可以理解为一种只提供服务的第三方平台模式。这种交易模式是水平 B2B 模式,平台的作用就是为采购商和供应商牵线搭桥。

平台则不拥有产品,也不是经营商品的商家,只是搭建一个平台,负责将采购商和供应商聚集到一起,为其提供一个交易的场所。采购商可以在平台上查询供应商的相关信息,在找到合适的供应商之后,就建立买卖关系进行交易。

中国制造网是企业和企业之间交易的专用网络服务平台。该平台整合海关、展会、访客、社媒、运营和搜索引擎六大功能板块,旨在将中国制造的产品介绍给全球采购商,帮助企业挖掘客户资源,实现精准营销。

综合 B2B 模式不仅为企业用户提供信息服务,还整合了包括交易的支付、物流及客户关系管理,实现在线交易。综合 B2B 平台主要是通过赚取交易佣金作为收益。

B2B 模式能让买方直接、快速了解产品,促成交易,也是该模式受市场青睐的根本。

三、B2C模式:直接面向消费者销售产品和服务

B2C 模式(Business to Customer),是企业直接面向消费者销售产品和服务的平台模式。具体来讲,就是通过信息网络平台以电子数据信息流通方式实现企业或商业机构与消费者之间的商务交易。

最常见的 B2C 商业模式有以下两种：

1. 销售平台式 B2C 模式

销售平台式 B2C 网站自己不生产产品，也不直接销售产品，而是为品牌商提供 B2C 平台服务，通过收取品牌商家的店铺租赁费、交易手续费等来实现盈利。

淘宝是典型的销售平台式 B2C 电商平台。淘宝商城中聚集了大量品牌商家，也吸引了大规模消费者，淘宝为二者提供一个信息流转、交易结算平台，品牌商家缴纳一定的保证金，就可以入驻淘宝，淘宝则向品牌商家和消费者提供电商服务，并制定相关规则保障品牌商家和消费者权益。

这种模式提供了一个全新的交易平台，为品牌商家寻求了新出路，也为消费者提供了便捷购物渠道，缩短了品牌商家与消费者之间的距离，帮助品牌商家降低成本的同时也大幅提升了效益。

2. 自主销售式 B2C 模式

自主销售式 B2C 模式与销售平台式 B2C 模式有所不同，是直接将网站的产品销售给消费者。而且需要自行开拓产品供应渠道，构建一个具有完整仓储和物流配送体系，或者与第三方物流公司合作，将物流服务外包给第三方物流公司。

小米商城是一个自主销售式 B2C 电商平台。小米商城直接面向消费者销售自有产品和服务。消费者可以在小米商城选购小米产品，并在网上支付，然后小米再找第三方物流公司送货上门。

自主销售式B2C模式有以下两方面优势：

一方面，这种模式是一种自产自销、自我管理模式，不用向第三方支付大量入驻费用。另一方面，独立网站系统拥有自己的数据，可以根据自身特点进行用户管理模式的创新。

3. 网络广告收益B2C模式

网络广告收益B2C模式，是平台免费向顾客提供产品或服务，吸引足够多的广告主关注，并投入广告，而平台则通过赚取广告服务费获取收益。

小红书推出了海外购物分享社区，用户在这里可以通过文字、图片、视频的方式分享自己的美好生活，因此在平台上聚集了大量用户。很多广告主看到了小红书潜在的商业价值，就借助小红书做推广，在更多的用户中曝光品牌，并达到引流变现的目的。为此，小红书会根据广告主的推广方式进行报价，不同的推广方式有不同的收费标准。

网络广告收益B2C模式下，一方面，平台上聚集了大规模用户，网络广告投放所产生的曝光和引流、变现效率也高；另一方面，平台可以充分利用自身产品和服务优势对用户群体进行分类，帮助广告主进行精准投放。广告主盈利越多，平台佣金和分成就越多。

总之，网络广告收益 B2C 模式具有多样化特点，在平台上，品牌或企业面临的是庞大的个人市场，发展潜力巨大。而且小品牌和大品牌可以获得一样的信息资源，提高了中小企业的竞争能力。对品牌与消费者来讲，都是双向选择。品牌方和消费者能获得最大的利益和权益，是 B2C 模式得以成功运用的关键。

四、C2C模式：去掉中间商，顾客利益最大化

C2C 模式（Consumer to Consumer），即个人消费者与个人消费者之间产生交易活动的模式。简单来说，就是一个消费者有一套办公设备要通过网络平台售卖出去，另一个消费者正好有需求，就从平台上花钱买下了这套设备。

C2C 模式有以下两种形式：

1.二手商品流转 C2C 模式

随着人们消费能力的不断提升，人们转手物品的速度越来越快。这就催生了二手交易。

闲鱼洞察到人们转手物品的需求，并抓住了这个商机，应运而生。闲鱼在运营过程中采用的就是 C2C 模式。消费者有转手物品需要时，就到闲鱼平台上将物品卖出去。点击"发闲置"，并在商品介绍页面，选择恰当的

图片，再加上有亮点的文案介绍，给出出售价格，即可吸引有需要的人购买。如果有买家看到自己需要的商品，可以点击"联系卖家"进入与卖家聊天的界面，询问其更加详细的产品信息，甚至可以砍价。咨询完毕，如果觉得这个闲置物品值得购买，就会在闲鱼平台上下单并支付。而闲鱼平台则作为中间商，从中赚取差价。

二手物品流转平台上能够交易的物品种类丰富，这种模式与传统电商模式相比，存在价格竞争现象。很多二手物品损耗非常小，这种情况下，消费者可以低于市场价购买二手物品。再加上很多二手物品的流转过程中，买家还可以与卖家议价，使价格更有弹性。这样是实实在在的低价，就能吸引那些习惯于节省但又不落伍的人，或者经济条件有限的人积极购买。买家会获得物美价廉的二手商品，满足自己的商品需求。

2. 物品拍卖 C2C 模式

拍卖品通常是一些艺术品、工艺品、限量版物品，甚至数字藏品等，这些物品通常极具收藏价值。也可以是房产、汽车、手表、珠宝首饰、箱包等日用品。当前，线上有很多拍卖平台，都是 C2C 模式。

一拍网就是一个专业拍卖平台，作为一个网络购物中介存在。其业务板块分为两种，一种是 C2C，即个人对个人商业模式；另一种是 B2C，即商家对个人商业模式。其 C2C 模式部分，吸引物品所有人将自己的闲置物品放在平台上拍卖，并由物品所有人设置一个起拍价格，吸引消费者参拍。

折扣与优惠永远是吸引消费者目光的利器。物品拍卖 C2C 模式下，参与个人对个人拍卖的物品，往往比商品原价优惠很多，这对于那些想要低价获得高价值的消费者来说物超所值。这是吸引那些受利益驱动而光顾拍卖 C2C 平台用户的根本原因。

那些没有参与拍卖的用户，他们往往会因为享受这种拍卖的乐趣而围观，拍卖对于他们来说，也是一种休闲方式。因此，拍卖平台上经常聚集着大量用户。也有不少在平台上围观的用户，就是为了等待时机拍到自己喜欢的物品。拍卖 C2C 模式具有极强的引流能力，在此基础上也有效提升了转化率。

无论是二手商品流转 C2C 模式，还是物品拍卖 C2C 模式，其共同点都在于去掉了中间商，使得个人买家和个人卖家双方利益实现了最大化。

第十一章 定制模式：满足消费者个性化需求

以往，在"产品为王"的时代，厂家生产什么，消费者就购买什么。如今，随着时代的变迁，"用户为王"占据主导力量。尤其伴随着消费不断升级，消费者认知不断提高，个性化需求越来越凸显。定制模式成为一种引领消费升级的商业模式。

一、产品定制模式：真正满足消费者的产品需求

当前，年轻消费者是市场中的消费主力军，他们追求时尚，敢于创新；喜欢彰显个性，不再盲从；注重追求品位与品质并存……总之，在品质基础上的个性化定制，成为当下年轻消费者的全新消费理念。

比如，他们愿意花几十分钟去听一个时尚品牌的传奇故事；他们愿意花一个月时间去定制一件凸显自我个性的西服，然后掏出一大笔钱为其品质和工艺埋单。在年轻消费者的全新消费理念下，消费升级已经成为一种趋势，产品个性化定制也成为一种深受年轻消费人群追逐的潮流。

对于当下的企业而言，满足用户需求已经不再仅是以往的质量品质需求。随着科技的不断进步，同一行业所生产的产品已经在技术上旗鼓相当。这种情况下，要想获得广大用户的青睐，企业需要从满足用户产品品质的层面跳出来，企业要拼的是在保证产品品质的基础上，实现个性化定制。谁能满足消费者的个性化定制需求，谁的品质才算真的"高"。

在很多人眼中，产品定制是少数人士才能享有的专属权利。商家则通过定制的方式来笼络高端客户。但在互联网、移动互联网全面普及的今天，产品定制有了下沉迹象，已经逐渐走向大众化，人人都可以定制专属于自己的产品。

具体而言，产品定制模式就是根据用户需要，对产品的选材、工艺、款式、尺寸、色彩等进行全方位定制与设计，打造只针对消费者特有需求的独一无二的产品。与传统生产模式相比，产品定制模式也可以称为反向定制模式。简单来说，就是一种从用户订单出发，触发生产制造的商业模式。

青岛海尔集团创立于1984年，在家电行业已经发展了30多年，成为全球家电行业中的佼佼者。一直以来，海尔都秉承不断进取的海尔文化，不断在工作中求创新，把新思路、新技术、新产品、新服务作为引领现代生活方式的新潮流，把创新作为企业发展全面优化的方式。

在人们追求个性化定制产品的时代，海尔集团打造的全新的互联工厂实际上采用的是全流程可视化的用户定制模式。目前，海尔旗下的郑州空调、青岛热水器、沈阳冰箱、佛山洗衣机等已经成立了互联工厂，在郑州互联工厂已经出厂了全球首台定制空调。

此外，海尔智联工厂已经开创了名为"众创汇"的线上用户交互定制平台。通过该平台，线上用户不但可以参与产品设计，还可以随时查看产品制造、订单配送等各个环节信息。这种全新的互联工厂可以实现全流程的信息共享，是一种"透明"的用户体验方式，用户不再是传统的产品使用者，而是产品个性化制造的参与者。

那么，产品定制模式能带来什么样的价值？

1. 需求驱动生产，减少产能过剩

传统的大规模"群体"生产方式是一种毫无目的的先生产后销售的方式，对于消费者的需求量毫不知情，只能预测。个性化定制模式根据需求来定制生产，是一种需求驱动生产的模式。因此，个性化产品定制模式按需生产，有利于减少过剩产能，更易实现低成本运营。

2. 满足不同消费者需求

个性化产品定制模式是以每个消费者都能接受的销售价格和产品属性为前提，进行成本开发，以及产品生产、销售，尽可能地满足每位消费者的产品需求和价格需求。

3. 吸引用户积极参与定制

传统产品生产过程中，消费者很难参与到产品研发、生产中。个性化产品定制模式下，在丰富的通信和软件资源的加持下，消费者也成为定制

产品的设计者，参与产品性能的研发和制造过程，并很快得到其所需的产品设计方案。

互联网、大数据信息新技术的应用，以及智能化工厂建设，有效降低了个性化产品定制的生产成本，提高了企业竞争力和效益。传统企业如果还是按照原来的生产模式和思维来发展，必将走向衰败，实现私人定制的转型势如破竹，且势在必行。

二、服务定制模式：与消费者的服务需求相匹配

在互联网、大数据、人工智能、云计算等前沿技术的推动下，实现产品定制的同时，也实现了服务定制。

服务定制模式，是指在用户参与或与其交互的情境下，为消费者提供满足其个性化需求的特殊服务模式。

国内著名品牌尚品宅配是一家家居企业。该家居企业受到了广大消费者的一致好评，并且成为诸多企业学习和模仿的榜样，关键在于尚品宅配具有非常独到的商业模式，即集云计算、个性化定制、免费设计等特点于一体的全新服务定制商业模式。尚品宅配可以说是个性化服务定制领域的标杆。

通过尚品宅配，客户可以得到自己最满意的家装风格体验。尚品宅配

会专门派出设计师到客户家中进行实地勘查测量，并聆听客户的家居需求、风格爱好、使用习惯等，之后再考虑视觉、便利等各种因素，制定能够让客户非常满意的家居摆设方案。如果客户想拥有一次个性化的家居设计体验，尚品宅配完全可以满足并为客户实现这个想法。

1. 底层逻辑

定制服务模式的底层逻辑是：

（1）服务定制的核心是用户思维

服务定制化，就是通过消费者参与，用消费者的核心思维做服务定制。通过"量体裁剪"打造针对性服务，确保在消费者需求的基础上，为消费者提供特有的服务，以提高客户满意度和服务水平，并提升企业赢得市场与客户的能力。

（2）用互动加强用户对品牌的认知

服务定制模式是需要通过品牌与用户互动的方式来进一步实现的，这样加强了用户的品牌意识，增强了用户对品牌的立体认知，提升了品牌在消费者心中的好感度。

（3）借客户画像实现精准营销

向客户精准提供定制化服务，首先要根据用户特征、偏好、年龄、消费能力等构建用户画像，用大数据技术为用户画像建模，完整地描述客户属性，再通过数据分析为每一位消费者定制一套服务方案，实现一对一精准营销。

2.优势

服务定制模式具有以下优点：

（1）定制即独一无二

服务定制模式的一个重要特征就是给消费者带来个性服务体验感受。定制往往被贴上"独一无二"的标签。越是独一无二的东西，在人们看来越昂贵。真正有效的定制服务，在消费者需求满足的基础上，还体现出"精"与"专"的特点，让消费者获得专为自己提供的独一无二的服务，也有助于用户在享受定制化服务之后，将这种美好的感受分享给他人，帮助品牌免费传播，进而放大品牌效应。

（2）定制即品牌符号

服务定制模式能够使品牌在消费者中形成有效辨识度，使品牌在同行业的众多竞争对手中快速突围，在消费者心中形成牢固记忆。

企业竞争本身就是一种博弈，找对路子，勤于努力，才能走得长远。服务定制模式与常规服务相比是一种提升和优化，比常规服务模式更具竞争力。

三、C2M定制模式：反向定制实现个性化生产

在这个消费升级、分级日趋明显的时代，品牌要想找到新的突破口，精准把握市场，掌握消费者需求，按需生产符合消费者需要的商品是关键。

C2M 定制模式是重要出路。

什么是 C2M 定制模式？C2M（Customer to Manufactory），即顾客对工厂，是用户直接联结制造厂商，由制造厂商直接为用户提供更高品质的产品和服务体验。明白了 C2M，C2M 定制模式也就不难理解了。

C2M 定制模式就是用户向商家反馈信息，商家平台根据大数据分析用户需求，然后根据用户需求定制产品。C2M 是基于互联网、大数据、云计算等技术实现生产线的自动节能化、定制化，是一种用户驱动生产的反向生产经营模式。

2022 年，京东"11·11 全球热爱季"全面启动，围绕"给生活多点实在"的主题，为消费者带爆款好物的同时，也让消费者享受到了实实在在的优惠。京东给消费者"实在"的背后，其实是京东 C2M 反向定制模式的推动。

京东 JC2M 智能制造平台以客户为中心，用客户需求驱动生产，使得供需诉求精准匹配，持续打造出趋势新品，推动高品质消费和品牌高质量增长的双向增益。

京东还与得益乳业合作，以 C2M 反向定制模式从消费需求和市场行业趋势出发，实现洞察客群，反推产品设计、产能投放、产能流通，让制造者与消费者精准对话，实现以销定产、按需生产、精准营销。京东的 C2M 反向定制模式，推动了产品设计、供应链、销售等一系列变革，重新定义了制造流程。目前，京东已经为超过 1200 家制造企业打造 C2M 反向供应链。

C2M反向定制模式是如何成功跻身优秀商业模式行列的呢？

1. 重构生产环节

实现C2M反向定制，需要具备产品生产个性化和差异化，这就决定了生产环节不能像传统标准模式一样运作，需要将产品生产环节加以拆分并优化，实现效率和分工同步推进，才能获得高效率定制化产品。

2. 提升消费者满意度

C2M反向定制能帮助企业通过大数据等技术手段获取消费者的消费喜好等相关数据，并从中挖掘消费者尚未意识到的需求，消费者无须参与定制过程，就能获得迎合自身需求的产品。因此，消费者从"商家有什么就必须被动买什么"升级为"自己想要什么，商家就卖什么"，有效提升了满意度。

有一家家具定制企业，在C2M反向定制模式下，根据上班族健康护腰需求，专门设计并生产了健康护腰椅子，这款椅子还具备多档调节功能、隐藏式脚托功能等，满足上班族午休的需求。这些功能是很多上班族没有想到的，但这家家具定制企业却率先做到了。

3. 实现柔性制造

定制款产品本身是对品牌方的一种巨大的考验，尤其对其柔性化生产能力的要求很高。企业在C2M反向定制模式的应用下，通过改造生产线，实现小批次、单件生产，能够大幅缩短新品上市的周期。这体现的就是反向定制模式的柔性化。

4. 实现去库存化

库存是让很多企业感到头疼的痼疾，生产出来的大量产品，需要占用大面积库房空间，库存成为造成企业资金大量损耗的原因，甚至逐步吃掉利润，因此库房租金压力经常让人喘不过气来。C2M反向定制模式按消费者需求进行定制化设计和生产，打造出来的产品源自消费者需求，满足了消费者需求，能受到消费者的认同和青睐，库存问题也容易被解决，同时加速了企业资金周转速度。

5. 提升企业竞争力

C2M反向定制模式与传统生产模式相比，推动了制造供应链的优化与升级，提高了企业运营效率，企业就有更多时间和精力去关注产品和服务，这样就从根本上提升了企业的竞争能力。

C2M反向定制模式是一种先有用户再有产品的商业模式，其实更像一种先进的产品逻辑思维，促进供需侧双赢。尤其对于制造商来讲，具有很大的运用价值。

四、众包定制模式：实现大规模定制化生产

随着"定制消费"的崛起，越来越多的消费者钟情于定制产品。与此同时，越来越多的大型企业选择众包模式，将原本由企业员工执行的工作

任务，以自由、自愿的形式外包出去。由此，众包定制模式便成为一种全新的商业模式。

众包定制，即搭建一个平台，对消费者的个性化定制需求给予快速响应，通过社会化众包实现大规模定制化生产和配送。

实现众包定制模式的核心就是共享经济，将用户个性化定制需求分享出去，通过众包形式完成个性化定制。

比如，一家企业老板有一项定制工作，他可以把这项工作分发给自己的员工去做，也可以将其众包出去，让那些有空闲时间的自由职业者去完成。这样，企业可以只需按照众包人员完成的个性化定制结果为员工或参与众包的人员付费。

乔丹体育运动品牌为了更好地迎合消费者的定制化需求，启动店铺停止计划，为消费者提供一些比较基础的个性化服务，由此推出网络众包定制鞋。

早期，乔丹的网络定制1.0阶段，采取的是套餐模式，即尽可能提供各种鞋底、鞋面、配件、颜色、款式、装饰等，消费者可以根据自己的喜好和需求进行自由搭配。但这种定制模式并不是真正意义上的定制，在无形中压抑了消费者的个性化需求。

之后，乔丹的网络定制进入2.0阶段，不但提供各种鞋底、鞋面、配件、颜色、款式、装饰等供消费者选择，系统还会根据消费者脚部信息，包括长度、维度、宽度、足弓高度建模，再将各项数据信息推动到工厂端，做到真正意义上的"量身定制",最后下单生产。但这样做往往在开模准备阶段需要较长的时间周期,而且在一定程度上会使库存量增加。

于是,乔丹的网络定制进入了3.0阶段,也就是众包定制阶段。借助互联网用户的智慧为自己设计出爆款产品。企业将用户的定制款挂在网上,给那些喜欢追求个性却又不擅长设计的人自主选择的空间。如果发现有一款鞋型深受欢迎,就马上安排定制生产,推向市场。这种集思广益的众包定制模式,就是在广大用户提供的众多方案中做出选择,而不是由消费者提出一个全新的方案进行个性化生产,直接将用户需求转化为深受用户喜爱的定制产品。乔丹的众包定制模式给其自身在市场中的发展带来了新机遇。

众包定制模式的优势在于:

1. 创意设计与定制一体化

众包定制平台上,需求方发布定制需求信息,平台根据订单需求,第一时间做出响应,进行创意设计和定制方案设计,让用户选出最优方案后,进入投入生产阶段。整个过程中,创意设计与定制都在平台上完成,实现项目落地一体化。

2. 灵活用工,降本增效

对于企业来讲,众包定制模式将定制工作灵活分散出去,让专业的人去做专业的事情,让多元化背景的解决者参与进来,集思广益,开拓了灵活就业、灵活用工新途径。同时,既能解决定制生产问题,又能提高定制生产效率。另外，这种良性的众包定制生产方式可以加快存货周转速度，提高流动资金效率，最终使成本下降。

3.实现大规模定制化生产

众包定制模式，利用互联网平台将众多碎片化、个性化智慧汇聚起来，进行产品研发、生产制造，可以使得个性化定制实现大规模生产。

众包定制模式下，企业、众包方和消费者都能从中获益，非常值得实体企业借鉴。

第十二章 众筹模式：聚集一切可用力量为己所用

俗话说："众人拾柴火焰高。"众筹具有超强的聚合力量，能够实现筹集梦想、筹集资金、筹集资源、筹集智慧等，是一种能够为创新创业赋能的新引擎。学会使用众筹的力量聚集一切人力、物力、财力为己所用，你的创业梦想离实现就不远了。

一、预购式众筹：筹款开发产品，赠与出资人产品

别人出手提供帮助，受助者给予对方一定的回报作为感激，这是人之常情。在众筹中，也有这样一种给予出资人回报的模式，这就是预购式众筹。

具体来讲，预购式众筹，就是指项目发起者在筹集款项时，允诺投资人在项目成功后，会给予其非金融性奖励作为回报。这种非金融性奖励，通常可以是成功开发的项目产品。

预购式众筹多见于图书、影视、出版、智能产品等大众消费品领域。

整体上看，这种众筹模式好像出资人花一定的钱预订了项目发起者的产品，因此称为预购式众筹。但也因为出资人可以获得一定回报，所以预购式众筹也可以称为奖励式众筹或者回报式众筹。事实上，出资人获得的回报只是一种象征性的回报，并不是获得与投资金额等价的回报。

我国有一个电视剧众筹项目，是预购式众筹的典范。为了拍摄《待嫁老爸》电视剧，也为了与热爱电视剧的人互动，能够近距离探班剧组，对真实的电视剧拍摄现场有更多的了解，发起人发起了一次预购式众筹活动。

该电视剧是一部都市时尚情感剧，主要故事内容是男主人公带着女儿再婚，还要面对三个不同类型女人的情感夹击。男主人公再婚是否能成功，女儿能接受哪个"妈"，这样的剧情颇具看点和吸引力。电视剧中，男主人公和女主人公都是知名的实力派演员，还有著名节目主持人参演。其创作源于生活，剧情真实、精彩，富有趣味性。

发起的众筹活动中，参与者只要支付49~388元，就能获得该电视剧的纪念T恤一件，还有机会获得剧组探班体验一次，并免费品尝剧组盒饭，获得与影视明星合影、签名的机会。如果出资超过5000元，还可以出演该电视剧，体验一回做演员的感觉。

出人意料的是，在截止日期前，预购式众筹活动成功筹集了30000元。而且电视剧经过这次众筹活动也取得了很好的宣传效果。众筹项目上线仅几天，就有近百位网友表达了喜爱。

无论发起者还是参与者都收获了自己想要的回报，可谓一箭双雕。

1. 流程

预购式众筹流程：

第一步：选择平台。

项目发起人选择一个合适的众筹平台，不同类型的众筹网站侧重的项目不同。选对平台，项目更容易通过，也能获得更多流量，筹集更多资金。然后在平台上注册账号，并通过网银在线完成身份认证和资质认证。

第二步：发起众筹。

要写明项目主题，并做好项目产品名称、类别、筹资金额、截止日期、对不同众筹支持者的预期回报等设置。此外，还需要对产品样品进行包装，用有吸引力的文案、图片、视频等清晰呈现产品卖点与亮点。这是吸引出资人采取行动、实现更好转化相当关键的一步。

第三步：资格评估。

接下来按照需要填写相关信息，上传相关证件照片。然后配合众筹平台对此次众筹项目的相关真实性和相关信息等的资格评估和审核工作。

第四步：预热上线。

审核通过后，就开始进入众筹预热上线阶段。可以在与众筹项目有关的论坛、微博等社交网站发布众筹信息，前期的宣传对整个项目的完成度影响非常大，要让更多人知道这次众筹活动及相关内容，为众筹活动做充分的预热准备。

第五步：项目启动。

在正式进入项目启动阶段后，发起者首先需要发布众筹活动。出资人之所以愿意出资是因为他们对产品有一定的期待。因此，发起者可以发布筹集活动，当筹集资金达到一定金额时，赠送投资人很多配件或相关产品，以表示对参与者的激励。

当然，在启动阶段，还要借助高知名度媒体的力量，为项目做宣传，进行引流。有了高知名度媒体的背书，参与者可以对项目有更多信任。

第六步：兑现承诺。

在筹集完资金后，发起人就要履行对出资人的承诺，将作为回报或奖励的产品邮寄给本次众筹活动的出资者。

2.作用

预购式众筹模式的意义远不止资金的筹集，还体现在：

（1）融资风险小

预购式众筹模式筹集的资金满足项目启动资金额度后，就可以启动项目。如果筹集资金没有达到预设金额，已筹得的资金应如数返回出资人手中。对于项目发起者来讲，这种模式不像银行贷款一样还需要提供抵押物，将自己与金融风险捆绑在一起。无论对于发起人还是对于出资人，都没有太大的损失。

（2）提高项目知名度

发起众筹本身就是一种很好的营销方式，不但筹集了项目启动资金，还对项目做了宣传，提高了项目的曝光度和知名度。

（3）门槛低

只要项目有优势，发起人为年满18岁的自然人、法人或组织，都可以发起众筹，实现了草根化、平民化。而且操作简单，没有烦琐的手续，因此能有效加快融资速度。

（4）快速引流裂变

预购式众筹通过分享的方式打通人脉圈，使众筹活动在短时间内实现快速引流裂变。

预购式众筹用"激励"吸引人们参与出资，实现了发起者和出资人的双赢，对于有优质创业项目却资金匮乏的个人、组织、企业来说，值得一用。

二、股权式众筹：以股权形式投资赚取回报

股权式众筹也是一种常见的众筹模式。股权式众筹是企业面向普通投资人出让一定比例的股份，投资者通过入股的方式，获得公司股份，并获得公司未来收益的一种融资模式。

出资人作为投资股东，投资的目的就是获得可观的收益。在成为投资股东后，除了获得公司股份，并收获未来公司收益、承担公司亏损；还可以将投资资金进行处分，转移给融资企业；可以正确使用所筹资金的信息，

也有权获得公司运营相关财务信息；同时有权获得公司的投资知识与技能培训权。这里先看一个股权式众筹的案例。

Wi-Fi 万能钥匙是全球领先的免费上网平台，致力于为用户提供免费、稳定、安全的上网服务。为了让更多用户分享 Wi-Fi 万能钥匙的未来高成长预期，为了聚集与平台有共同认知和思考的投资人，Wi-Fi 万能钥匙曾发起了一场股权众筹活动。

股权众筹项目设定方案如下：

"1. 众筹总筹资金额为 6500 万元，总筹资金额平均划分为 50 份，每份认购金额为 1300 万元，每股占 0.02% 的股份，每人可以认购多份。

2. 投资人缴纳 30 万元保证金，就可以获得优先认购权。

3. 项目交割 1 年后，投资人在限定时间内拥有一次按实际投资额全额无息退出的机会；若交割 5 年届满项目未能上市，投资人可按实际投资额年复利 5% 的回报方式退出。"

该股权众筹一启动，前来参与认购的人超乎想象。更没想到的是，最后认购意向资金达到 77.14 亿元，是设定的总筹资金额的 237 倍。

为此，Wi-Fi 万能钥匙紧急调整方案，第一件事是增发 0.5% 的股权，将众筹股权增加到 1%；第二件事是给每位投资人赠送纪念 T 恤一件，同时为每个缴纳保证金的投资人赠送一块果壳智能手表，以示感谢。

显然，Wi-Fi 万能钥匙的股权众筹做得相当成功，在当时创下中国最高的股权众筹融资金额，刷新了当时中国股权众筹纪录。

1. 流程

股权众筹的操作流程如下：

第一步：编制计划书。

在正式发起股权众筹活动之前，首先要做的就是编制商业计划书，在计划书中论证项目的可行性，并确定筹集资金需求。

第二步：选择平台。

选择股权众筹平台同样是一件十分重要的事情。发起人要根据项目类型、筹集金额，再结合股权众筹平台的项目偏好、投资人数、项目成功筹资数等信息，选择适合自己的股权众筹平台，并在平台上进行注册。

第三步：发起众筹。

选好平台后，发起就可以发起众筹，将商业计划书中的内容按照平台要求在众筹平台上一一填写和上传资质，使得众筹项目更加直观，便于平台审核通过。

第四步：配合审核。

平台会根据规则，对项目进行多层次审核。发起人要积极配合，提升平台成功通过的概率。

第五步：项目预热。

发起者应当借助各种渠道积极与那些对项目感兴趣，有投资意向的人沟通，使其更加深入了解项目情况，从而加速确立股权认购意向，做出合理的投资决策。

第六步：项目启动。

在约定的时间启动股权众筹项目。在这个过程中，发起人应当及时关注筹资进度，对投资者的提问给予积极响应，推动众筹目标的顺利完成。项目启动必须在30天内完成。

第七步：兑现承诺。

如果在30天内筹集的金额超过目标金额，则意味着众筹项目成功，投资人会获得企业相应的股权；如果金额没达标，就意味着众筹项目失败，企业筹集的资金则全部原路退还给投资者。

2.作用

发起股权式众筹有以下作用：

（1）加速资金注入

股权众筹模式可以吸引那些对投资感兴趣，有一定闲置资金的民众积极参与进来，为企业资金池注入更多资金。

（2）普通人也有了接触高新项目的机会

很多人没有过多的资金去创业，也没有机会去接触那些高新项目。股权式众筹下，投资人的门槛很低，对身份、地位、职业、年龄、性别等没有任何限制。普通人也可以通过股权众筹模式认领一定的股份，成为公司的股东，进而能够获得接触高新项目的机会。

（3）帮助企业找到志同道合的伙伴

人们之所以愿意出资购买股份，成为公司的股东，除了想要获得实实在在的真金白银之外，还有一点就是对企业的认同和信任。企业也因此获得了志同道合的伙伴。在这些伙伴的助力下，企业实现快速崛起。

（4）提升企业知名度

股权众筹在发起的过程中，为企业做了很好的宣传。而且企业发起的股权众筹活动面向的是广大有投资意向的普通人，全过程透明化、公平化，为企业提升了知名度，也让企业赢得了良好口碑。

股权众筹是一种适用于初创企业获得小额融资的商业模式。股权众筹筹集的并不只有钱，还有朋友、伙伴的力量，是那些真正关心产品的股东共同制造出来的影响力。与此同时，我们还应注意到，投资人大量集中认购，就使股东之间的利益变得复杂化，进而衍化出更多问题需要一一解决。如果没有丰富的经验，处理不当，很容易使得股权众筹好事变坏事。因此，企业做股权式众筹之前，一定要制定相关规则，避免众筹过程中和众筹结束出现不必要的麻烦。

三、募捐式众筹：免费赠与，出资人不求回报

公益事业向来是一种不以营利为目的的事业。公益事业可以唤醒人们的爱心，传播人们的慈善行为，帮助更多困难的人。

募捐式众筹是一种公益性众筹。如何理解呢？募捐式众筹是出资者向筹资者提供资金，却不收取任何回报，筹资者也不需要向出资者提供任何回报。只是第三方众筹平台会给出资者一个高尚的个人荣誉证书，作为精神回报，表达对出资人善举的鼓励和感谢。由于募捐式众筹是一种出资人

赠与筹资人财产的众筹方式，也称为捐赠式众筹、公益众筹、慈善众筹。

从本质上讲，筹资人在众筹平台上向出资人发出要约，投资者向筹资者做出打款行为，则资金赠与合同立即生效。出资者和筹资者之间在法律关系上属于赠与与被赠与的关系，并明确表明所获财产的特定用途。如果筹资者所获财产的用途不符合约定的特定用途，投资者有权依法诉讼，请求筹资者返还赠与的财产。

募捐式众筹适用于有个人救助需求的人发起。但从商业角度来讲，众筹平台也是获益者。我国知名的募捐式众筹平台有轻松筹、水滴筹、腾讯公益、爱心捐赠、京东公益众筹。

1. 流程

募捐式众筹的操作流程如下：

第一步：筹资者选择众筹平台。

筹资者根据实际情况选择适合自己的募捐式众筹平台。从总体上看，当前的募捐式众筹平台分为三大类：

第一类：轻松筹、水滴筹等平台主要是为大病患者提供高效便捷的筹款渠道。

第二类：腾讯公益、爱心捐赠等平台，除大力参与救灾、扶贫、帮困等社会慈善事业外，还将积极为青少年健康成长和教育提供帮助。

第三类，京东公益等平台则是除利用产业扶贫、用工扶贫、创业扶贫、金融扶贫等手段开展电商精准扶贫工作之外，还发挥自身优势，以发起公益捐助、支持公益机构扶贫项目。

第二步：筹款申请。

在募捐式众筹平台上发起筹款是有限制条件的。

以水滴筹为例，筹款人首先需要满足"身患大病，没钱治疗"的条件；其次，需要提供各项材料，包括身份证明材料、患者疾病诊断书（以证实患者病情严重程度）、患者住院及治疗期间产生的各项费用单子（以证明患者治疗费用巨大）、患者照片（按照病前、病后精神状况对比）、取款所需银行卡等。如果患者家里是低保户、贫困户或者家里有残障人士，同时需要提供相关证明。

除了以上证明、证件，筹款人还需要撰写一篇求助文章，内容要简单，需要表明发起者身份、与患者关系，还要详细描述患者基本情况，写明患者的发病原因、相关症状、如何治疗、未来治疗规划、患者医治所需费用、每天花销，以及未来预计产生的费用等。文章中还要十分恳切地表达想要积极救治患者的心情，请求爱心人士的帮助，并真切地表达感谢。

以上所有材料和文章准备好之后，就可以向平台提交申请，等待通过。

第三步：分享转发。

在申请通过之后，发起人可以将筹款信息通过各种可用渠道转发和分享更多的人，包括微信好友、QQ好友，或者转发到微信群、朋友圈、QQ群、百度贴吧、微博等。筹款活动发起后，一般筹款时间为30天。

第四步：提取筹款。

在为期 30 天的时间里，如果筹款金额达到或超出目标金额，则意味着筹款成功。如果没有达到目标金额，则意味着失败。但无论成功还是失败，筹款人可以在"管理我的筹款"中申请提现。平台审核通过后，会进行为期 24 小时的公示，筹款人如果无异议，平台就会在 1~2 个工作日将所有款项打入筹款人账户。

2. 优势

募捐式众筹有以下优势：

（1）公开透明，传播公益

募捐式众筹是面向公众的筹款方式，整个过程是公开透明的，社会群体都能看得懂、有感触、愿行动，同时也是传播和普及公益理念的有效途径。

（2）实实在在帮助了困难人群

募捐式众筹的发起者，往往是那些有个人救助需求，急需别人伸出援手的人。有人罹患重病却无法支付巨额医疗费用，有人因灾难急需物资帮助、有人因低收入需要对儿童健康成长给予保障等。出资人能够通过募捐式众筹方式解决他们的就医资金困难、生活困难、教育难题等，让他们获得实实在在的帮助。

（3）出资人传递爱心，收获快乐

对于那些乐善好施、有一定盈余用于慈善的人，有的时候找不到真正有需要帮助的人行善。募捐式众筹为他们提供了一个放心行善的平台，让他们帮助困难人群，同时他们也会积极传播正能量给更多的人，呼吁更多的人奉献一份爱心。他们在传递爱心的过程中，内心收获巨大的快乐。

（4）募捐式众筹平台有利可图

募捐式众筹平台的收益来源有三个：

第一，众筹平台作为一个第三方平台，在促进筹资工作顺利进行的过程中，是需要产生一定管理费用的，因此，会根据筹资进度和筹资金额收取相应的服务费作为收入，以保证自身生存。但也有不收取任何服务费用的众筹平台，如轻松筹、水滴筹。

第二，在捐款期间，出资人所捐款项在平台账户中存储，这笔捐款则成为平台的存款，平台因此而获得了资金沉淀。

第三，多数捐赠式众筹平台会与多家保险公司合作，由捐赠式众筹平台分发保险公司承保的保险产品而收取一定的佣金。

募捐式众筹以公益为立足点，将筹款人和投资人联结在一起，切实帮助困难人群，推动社会改变。这也是募捐式众筹可持续发展的原动力。

四、会籍式众筹：出资共建会所获得相应权益

会籍式众筹是当下非常流行的一种股权众筹模式，由于其特殊性，将其单独列为一种众筹模式来阐述。

会籍式众筹是在互联网上通过熟人介绍，志同道合的人聚集在一起，

共同出资建立一个类似于会所的组织，出资人出资的同时也享有这个组织相应的股权，并获得相应的权益。

这种模式与其他众筹模式相比，虽然也能获得相应的股权作为回报，但淡化了资本回报，相反，注重的是因为众筹而聚集在一起的人脉资源。因此，会籍式众筹对于创业尤为重要。

需要注意的是，会籍式众筹模式下，成立的会所并不是一个企业或公司，而是一个自发的、民间组织的会所。此类会所并不对外经营，不对外独立承担相应的民事责任。也就是说，除创始人外，出资的"股东"并没有进行工商登记，不算真正意义上的公司股东。从深层次看，出资人所出资金本质上可以看作入会费用，而这些出资的"股东"其实就是这个会所的原始会员。

最典型的会籍式众筹案例就是3W咖啡。

当时，3W咖啡创始人辞去了年薪百万的工作，选择自主创业。他创建了3W咖啡，并采用会籍式众筹模式，吸引有意向的人参与和投资。

3W咖啡创始人借助微博向社会公众招募原始"股东"，每个人10股，每股6000元，相当于每个出资人拿出6万元。而且3W咖啡还设定了门槛，要求出资人需要有强大的互联网圈子和投资圈，如果不具备这样的资源，也无法成为3W咖啡的"股东"。

3W咖啡注重的是能吸引更多的投资人带来的钱脉和人脉，为自己构建更加强大的互联网创业顶级圈子，这些人的智慧和前瞻性思维，对于3W咖啡来讲，是花钱买不来的，而且会在未来为 3W 咖啡带来超乎想象的收益。

3W 咖啡举办的会籍式众筹活动在当时有很大的影响力，聚集了红杉资本创始人沈南鹏、真格基金创始人徐小平等数百位知名人士，甚至腾讯、百度、阿里巴巴、新浪、搜狐、盛大等公司的高级管理人员也积极加入。这些知名人士的加入，为 3W 咖啡的进一步发展提供了良好的契机。

3W 咖啡是会籍式众筹成功的典范，具有一定的借鉴意义。

1. 流程

会籍式众筹的操作流程如下：

第一步：选择平台。

选择平台很重要，在发起众筹之前，先选择用户多、传播速度快的社交平台，如微信、微博等。以这两个平台为例。从用户数量来看，微信作为社交平台，用户可以借助微信社交、办公、娱乐、购物等，因此聚集的用户量较其他社交平台高。从传播速度来看，微博上每天有大量信息流转，而且具有极强的互动性，还具有推广成本低、信息发布快、传播迅速等特点。

第二步：发布信息。

选好平台后，就可以发布项目众筹信息、项目意图等，以此吸引对此感兴趣的人。

第三步：启动众筹。

一些对众筹项目感兴趣、有相同创业意向的人，经过互联网社交平台聚集起来后，就从线上走向线下，大家共同出资成立会所组织，每个人都获得会籍成为其中的一员，并获得相应股权。接下来，大家各司其职，各尽所能，一个创业项目正式启动。

2. 优势

会籍式众筹模式与股权众筹有相似之处，其意义体现在：

（1）低投入，高回报

会籍式众筹对于投资者来讲，本身投入资金少，无论是资金充足，还是人脉广泛，抑或经验丰富的人，只要有投资意向，都可以加入。而且成为会籍成员之后，还享有一定比例的股权，获得超乎想象的回报。这也是会籍式众筹能够吸引投资者积极参与的原因。

（2）聚合有相同创业意向的人一起干事业

很多人有创业想法，却苦于手中资金匮乏，也找不到合适的合伙人；有的人手中有闲置资金，想要创业做投资，却找不到合适的项目；有的人手中有大把某个行业的专业资源，却苦于缺乏人脉和钱脉。

会籍式众筹更加适合那些有共同创业意向的人走在一起干事业，大家根据自己的实际情况，或多或少共同出资，做一件对大家都有价值的事情。这样，参与众筹的每个人便建立起紧密联系，围绕共同的理想进行互助创业，并在资源上彼此共享，将事业做大做强。

（3）促进人才交流和创业创新

会籍式众筹是将线上与线下相结合，把社交分享、互动传播的力量发挥到极致，吸引了资金、人脉及更加专业化的资源，使得投资者聚集在一起，共同实现创业梦想。对于促进人才交流，实现经验共享、创业创新，具有十分重要的意义。

会籍式众筹模式是一种借助圈子力量快速吸引资金、人才和其他资源的模式，还可以锁定一批忠实客户。这种模式已经被很多人认可，除了可以开咖啡店，还可以开餐厅、酒吧、美容院等高端会所，因此，在国内，很多创业者借助会籍式众筹成功创业。